VESTAIRE couture

JESSICA BRISAC
AMÉLIE THOMAS

inspiration STREETWEAR

PHOTOGRAPHIES : LAURENCE REVOL

MANGO éditions

XXY

XXY
Team

X

SOMMAIRE

le béton

Férues de streetwear, nous ne pouvions passer à côté de l'occasion de créer les dix modèles présentés dans ce livre. Ce style fait partie de notre quotidien, nous le portons et le vivons tous les jours.

Notre duo associe deux personnalités différentes mais complémentaires : l'une (Jessica), baignée de culture hip-hop, trouve l'inspiration dans la rue et la danse qu'elle pratique depuis toujours. L'autre (Amélie), a un goût certain pour les vêtements de sport : elle passe son temps en friperie et recycle des vêtements vintage. Son style est décalé, elle peut mixer cols anciens et veste de jogging par exemple. Toutes les deux, nous nous habillons en piochant nos vêtements partout, dans les dressings masculin et féminin et de tous les êtres humains, peu importe leur genre. Il nous paraît évident que tout le monde peut s'approprier toutes les tenues, et créer un look unique et personnel. C'est pourquoi les modèles de ce livre sont unisexes et déclinables à l'infini.

Laissez-vous guider par nos inspirations sportives, des années 1980, 1990 et 2000, souvent américaines, venant du hip-hop ou du skate, dans un esprit fun, pop et coloré ! Nos modèles sont assez oversize, ce qui convient à tous les corps et tous les genres. Il, elle, iel trouvera son bonheur !

Pour chaque vêtement, vous trouverez une double page illustrée sur son histoire au fil des siècles, ainsi qu'une présentation plus contemporaine avec des propositions de looks et des inspirations. Les pas à pas couture sont complétés par des points techniques rassemblés à la fin de l'ouvrage, n'hésitez pas à naviguer entre les pages de ce livre.

Nous avons choisi un esprit *colorblock* que vous pouvez décliner comme il vous chante. Amusez-vous à changer de style avec des tissus à motifs, en allongeant ou en raccourcissant les modèles : tout est possible !

Cousez avec nous le tee-shirt *so 90's*, sortez la chemise de base-ball hors des terrains, portez le pantalon de jogging avec des talons, associez le kimono large et ouvert à notre brassière, usez et abusez du teddy en toute situation, chillez dans la salopette du prince de Bel-Air, vivez dans une bulle avec le sweat à capuche, surfez sur la vague avec le short façon boxe, et travaillez relax dans le jean large à taille élastiquée. Mais surtout, amusez-vous à les customiser avec nos conseils découpes et appliqués !

Nous espérons que vous prendrez beaucoup de plaisir à coudre nos patrons, à vous approprier les modèles de ce livre, et que vous savourerez nos anecdotes sur l'histoire des vêtements.

Bonne couture !

Jessica et Amélie

LES MODÈLES

LE KIMONO
à la conquête du monde

Quand on pense kimono, on voit tout de suite le mont Fuji, les socques en bois, les tissus à fleurs… Aaah, le Japon !

Et si vous ne vivez que pour le sport, peut-être voyez-vous plutôt le judoka Teddy Riner dans son kimono de ceinture noire ! Mais là, en fait, vous confondez : c'est un judogi et non un kimono. Car le kimono c'est une sorte de chemise sans boutons, en forme de *T*, que l'on porte ceinturée ou ouverte.

Aujourd'hui, le kimono est partout : sur les mannequins lors des défilés de haute couture, mais aussi dans la rue, dans les salles de sport… Il est incontournable, et on l'affiche même sur les murs, en décoration ! Mais d'où vient-il et quelle est son histoire ?

Son nom vient de *kinu*, qui signifie « porter sur soi », et *mono* qui veut dire « chose ». C'est donc littéralement une « chose que l'on porte sur soi ». Les premières traces du kimono datent du VIIe siècle, le Japon étant alors sous influence chinoise. Le kimono était un marqueur social de la bourgeoisie. À l'origine, c'était un sous-vêtement, que l'on portait ceinturé sous une tonne de vêtements, parfois cousus ensemble chaque matin. On ne plaisantait pas avec l'habillement à cette époque ! On est bien loin du jean et du sweat…

Le terme *kimono* regroupe en réalité un large éventail de vêtements japonais, mais on peut distinguer, entre autres, trois sortes de kimonos. Le *kosode* possède des manches courtes et arrondies, cousues au corps du vêtement, ne laissant ainsi des ouvertures que pour le passage des bras. C'est celui qui ressemble le plus au kimono modernisé, dont les manches sont rectangulaires. Le *kosode* était davantage porté en sous-vêtement, contrairement à l'*osode*, dont les manches sont longues, qui se porte encore aujourd'hui lors des cérémonies. Le *furisode*, quant à lui, a des manches très longues pouvant aller jusqu'au sol, avec de grandes ouvertures.

Le kimono se porte toujours côté gauche sur côté droit, et il faut respecter cela, c'est important ! Si vous vous trompez, vous serez habillés comme… les morts !

Son allure épurée en fait une pièce intemporelle et polyvalente, qui va aussi bien avec des baskets que des bottes ou des talons. Ses manches larges lui donnent un style décontracté tout en restant classe. C'est donc le mix parfait entre le streetwear et le chic. On imagine différents looks pour ce kimono : ouvert sur un tee-shirt ou une brassière avec un jean ou un jogging, il se la joue surchemise stylée, mais attaché par un lien assorti ou une ceinture en cuir végétal sur un pantalon à pinces, il sera plus sophistiqué. Notre association coup de cœur : un tee-shirt blanc, un bonnet et des grosses baskets ! Le modèle photographié est cousu en taille 4.

Ce vêtement est composé de rectangles repliés et cousus, mais jamais recoupés. Pas de chutes de tissu. Le rêve ! C'est du zéro déchet avant l'heure. De plus, il ne tient pas compte des caractéristiques anatomiques des hommes ou des femmes, ce qui en fait pour nous le vêtement mixte par excellence !

De nos jours, avec la mondialisation, les Japonais portent évidemment les mêmes vêtements que le reste de la planète. Néanmoins, à la moindre occasion et à chaque fête, on peut voir fleurir des kimonos à tous les coins de rue de Tokyo, de Nara ou de Kyoto, tant chez les hommes que chez les femmes. D'ailleurs, la célèbre marque de *fast fashion* Uniqlo propose des collections de kimonos modernes, nous avons donc nous aussi notre version, mais streetwear !

KIMONO XXY

NIVEAU : débutant ✂

Tissus conseillés

▰ Tous les tissus chaîne et trame lui vont, donc choisissez ce que vous aimez, du jean à la viscose. Le tombé sera différent selon la fluidité du tissu. Pour le rendre encore plus sport, osez le molleton lourd ! Dans ce cas, il faudra bien thermocoller les bandes d'encolure avec un entoilage adapté et, éventuellement, les marges d'ourlet.

Matériel

- tailles 1 et 2 : 230 cm de tissu
- tailles 3 à 7 : 250 cm de tissu
- 20 cm × 100 cm de thermocollant

Points techniques

▰ Thermocoller
▰ Monter une manche de kimono
▰ Faire un ourlet

Pièces du patron

Patron tracé en orange / planche D.

Pièce	Coupe	Les marges de couture sont incluses
1. Bande d'encolure	2 × tissu 2 × thermocollant	1 cm tout autour
2. Devant	2 × tissu	1 cm tout autour et 5 cm pour l'ourlet
3. Dos	1 × tissu au pli	1 cm tout autour et 5 cm pour l'ourlet
4. Manche	2 × tissu	1 cm tout autour et 5 cm pour l'ourlet

Plan de coupe

Le tissu est plié en deux.

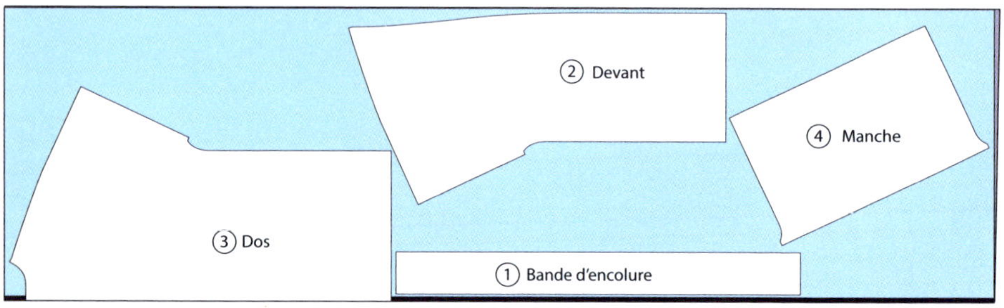

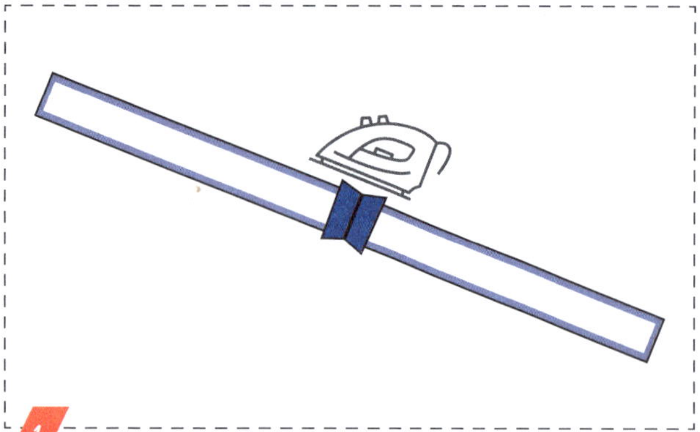

1 Thermocoller les deux morceaux qui forment la bande d'encolure et coudre endroit contre endroit ces deux morceaux, le long du petit côté (celui proche des crans d'épaule). Ouvrir la couture au fer.

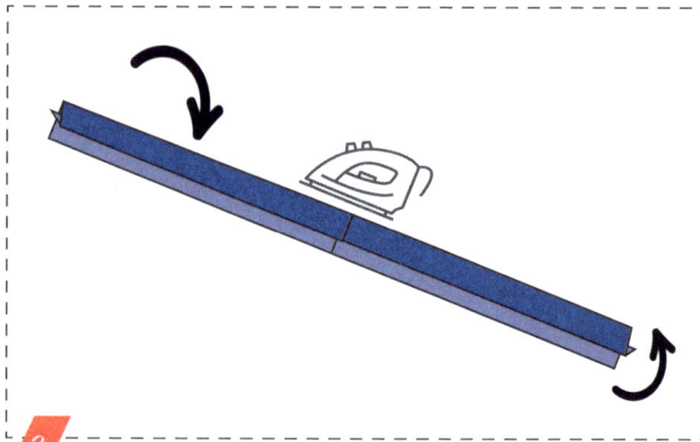

2 Plier la bande d'encolure en deux sur toute la longueur, envers contre envers, et marquer le pli au fer. Sur l'un des longs bords francs, marquer au fer un rempli de 1 cm tout le long.

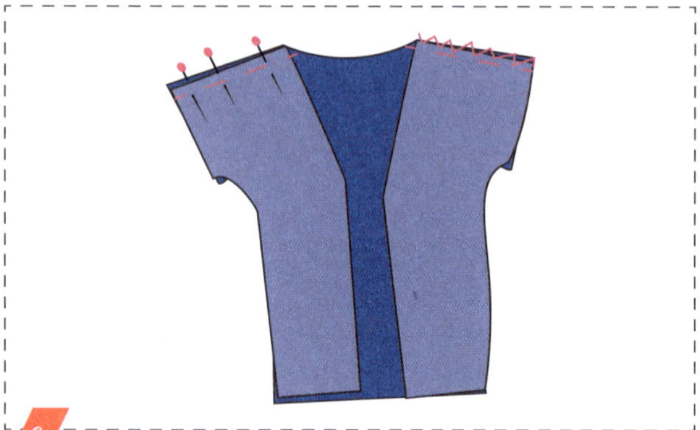

3 Épingler, endroit contre endroit, les épaules des devant et du dos, puis piquer à 1 cm. Surfiler les marges de couture ensemble et repasser vers l'arrière. On peut surpiquer à 2 mm de la couture, pour fixer les marges de couture.

4 Épingler, endroit contre endroit, la tête de manche et l'emmanchure, en veillant à bien superposer les crans (un cran pour le devant, un cran pour le dos et un cran pour la couture épaule), puis coudre. Surfiler les marges de couture ensemble et repasser vers le buste.

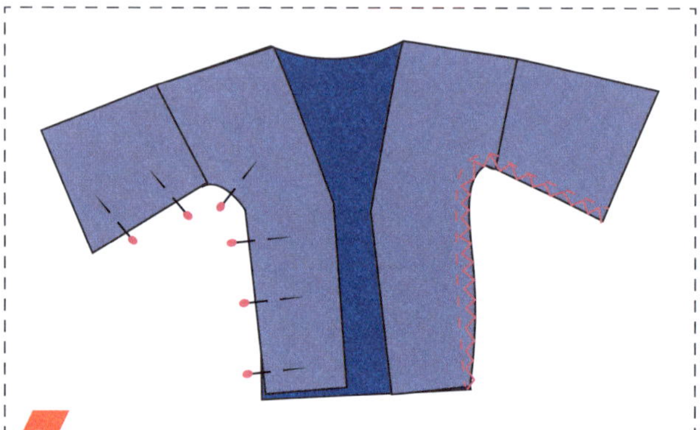

5 Épingler endroit contre endroit les côtés et les dessous des manches, en prenant les passants en sandwich entre les deux épaisseurs le cas échéant (voir l'option, p. 14). Coudre puis surfiler les marges de couture ensemble et repasser vers le dos.

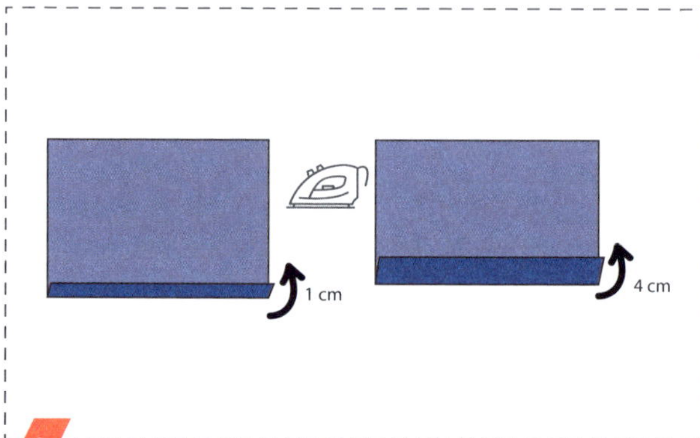

6 Marquer au fer un rempli de 1 cm tout le long du bas du kimono. Marquer un second rempli de 4 cm au fer. Faire de même pour les manches.

7 Épingler le bord franc non replié de la bande d'encolure au kimono, en superposant les crans du patron, endroit de la parmenture contre envers du kimono. Le bas du kimono reste replié selon l'étape 6. La bande d'encolure dépasse de 1 cm en bas du kimono. Coudre à 1 cm du bord.

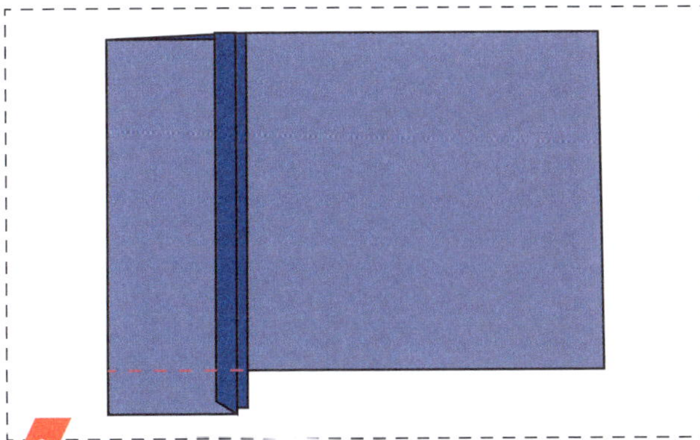

8 Pour fermer le bas de la bande, la rabattre endroit contre endroit. Piquer à 1 cm du bord bas. Remettre sur l'endroit et former les angles soigneusement.

9 Rabattre la bande vers l'endroit du kimono. Le côté pré-plié à l'étape 2 se pose sur la couture précédente et la dépasse de 2 mm exactement. Épingler en place et piquer sur l'endroit, à 1 mm du bord pour la maintenir en place. Autres options : faire une couture invisible à la main pour fixer la bande ou bâtir et surpiquer à la machine.

10 Repasser soigneusement la bande en place ainsi que l'ourlet du bas préformé à l'étape 6. Piquer l'ourlet à 2 mm du bord plié pour le maintenir. Faire de même pour l'ourlet des manches.

Bonus

- Coudre une ceinture dans un tissu assorti ou qui contraste (voir page suivante), ou encore utiliser les ceintures de votre dressing, pour mélanger les styles façon streetwear.
- Rallonger le kimono pour en faire une veste longue, longue, longue qui vole au vent.
- Replier les manches pour un look décontracté.
- Contraster et dépareiller, en ne cousant qu'une seule manche dans un autre tissu, à motifs ou flashy.

Portez fièrement votre kimono XXY !

Partagez vos créations sur les réseaux sociaux avec #kimonoXXY

Optionnel : Coudre une ceinture assortie ou contrastante

La ceinture et les passants ne sont pas patronnés, il faut couper des rectangles dont les mesures sont données dans la notice ci-dessous (elles sont arbitraires et peuvent être modifiées selon les goûts). Attention à l'effet robe de chambre : la ceinture peut transformer le look du kimono.

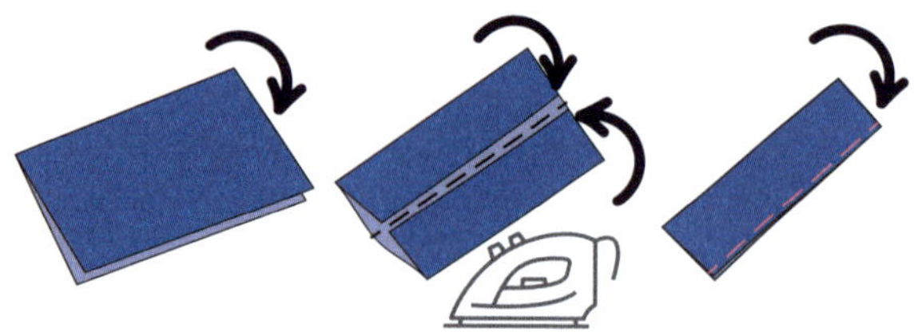

1 Couper deux rectangles de 8 cm de long et de 4 cm de large. Plier en deux les passants dans le sens de la longueur, marquer le pli au fer, puis les ouvrir afin de rabattre les deux bords francs le long du pli marqué. Replier en deux comme initialement et fermer les passants par une piqûre nervure à 2 mm du bord plié.

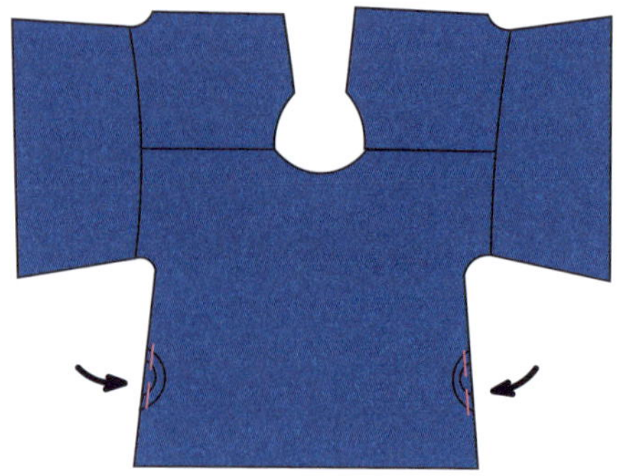

2 À faire **entre les étapes 4 et 5** du montage du kimono : placer les passants, endroit contre endroit, à la hauteur souhaitée (cela varie en fonction de la morphologie), sur le devant ou sur le dos. Les fixer par une piqûre à 5 mm, dans la marge de couture.

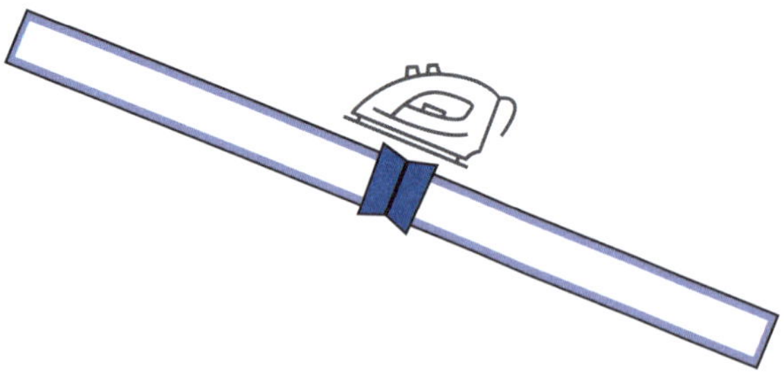

3 Couper deux rectangles de 70 cm de long et de 12 cm de large. Thermocoller les deux morceaux de ceinture, puis les assembler par le petit côté et ouvrir les coutures au fer.

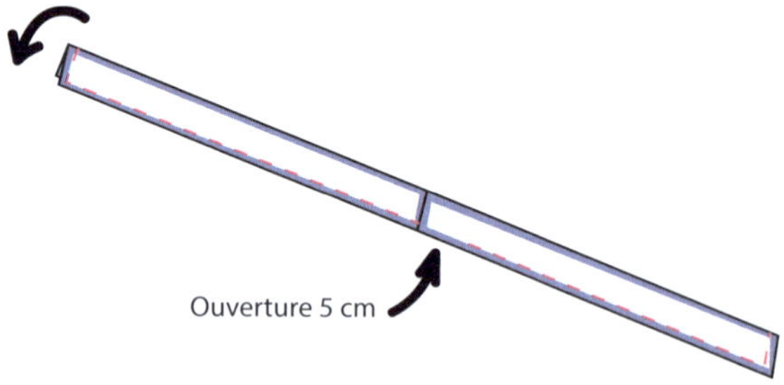

4 Plier en deux la ceinture, endroit contre endroit, dans le sens de la longueur. Épingler et piquer à 1 cm, le long des largeurs et de la longueur franches, en laissant une ouverture de 5 cm au milieu, pour pouvoir retourner la ceinture.

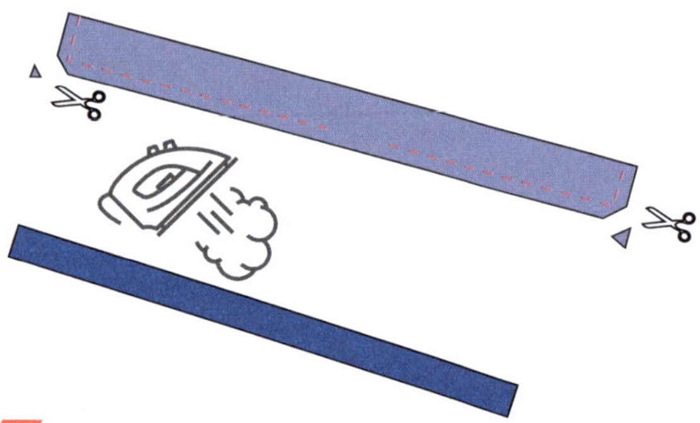

5 Cranter les angles, retourner la ceinture et repasser soigneusement.

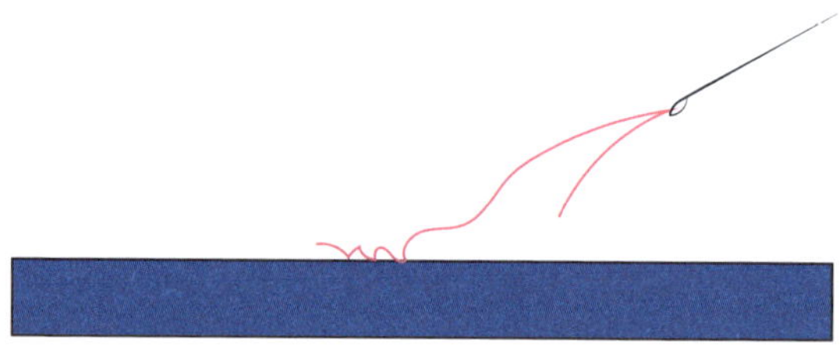

6 Fermer l'ouverture par quelques points à la main.

LE TEE-SHIRT

born in the USA

Pourquoi ce nom, qui se traduit littéralement par « chemise en *T* » ? Heureusement, d'ailleurs, que son nom reste en anglais… Vous vous imaginez demander où est votre « chemise en *T* » ?

Fin du suspense : c'est à cause de sa forme. Mais dans l'histoire, il a eu plusieurs autres petits noms : gaminet, maillot de corps… Mais d'où vient le tee-shirt ?

Son ancêtre est l'*union suit*, une combinaison pantalon et manches longues avec des boutons sur le devant, que les hommes portaient comme sous-vêtement au XIXe siècle. On parle bien de la combinaison de Charles Ingalls dans *La Petite Maison dans la prairie* ! Comme ce n'est pas ce qu'il y a de plus pratique au monde, des gens ont eu l'idée géniale de la couper en deux : un sous-vêtement pour le haut (le fameux tricot de corps) et un sous-vêtement pour le bas (le caleçon long).

La légende raconte que c'est dans le livre de Francis Scott Fitzgerald, *L'Envers du paradis*, publié en 1920, qu'apparaît pour la première fois le terme « tee-shirt ». Et hop, c'est adopté ! À cette période, il reste un vêtement pratique, malgré de petites évolutions dans la forme : il a une encolure plus large, des manches plus courtes et il est près du corps.

C'est sous cette forme qu'il est porté par les Marines américains, puis par tous les corps d'armée de ce pays, parce qu'il est très fonctionnel, notamment en matière d'hygiène : on ne lave plus l'uniforme complet, mais seulement ce qu'on met dessous (les économies de lessive !). Il n'est cependant que rarement porté à l'extérieur. À l'époque, sortir en tee-shirt, c'est un peu comme se balader en caleçon !

C'est Marlon Brando qui le rend iconique en 1951, dans *Un tramway nommé Désir* : il est moulé dans son tee-shirt blanc qui laisse deviner son torse et dans son jean Levi's 501 on ne peut plus serré… James Dean, dans *La Fureur de vivre* (1955), et d'autres « *sex symbols* » continuent de le populariser : c'est la folie du tee-shirt blanc à Los Angeles. Ajusté, toujours porté sur un jean, les jeunes se l'arrachent.

En un siècle, la combinaison de Charles Ingalls est donc devenue un tee-shirt. Popularisé par l'armée américaine, puis rendu hautement *fashion* par Hollywood, il s'est répandu partout, dans tous les milieux. Il est aujourd'hui devenu porteur de messages en tout genre, voire panneau publicitaire pour les marques. Il a subi toutes les modifications possibles et imaginables en fonction des modes : *oversize*, moulant, long, court, col en *V*, col rond… mais il a toujours été confortable !

Dans le streetwear, il est indispensable à tous les looks. Dans les années 1990, il est extrêmement large dans la mode masculine et tombe sur les pantalons baggy. Chez les femmes, malgré les tenues *oversize*, les tee-shirts restent près du corps. Ce n'est que depuis peu que le tee-shirt *oversize* refait son apparition dans le streetwear, mais cette fois-ci, on le trouve dans tous les vestiaires. C'est donc ce que nous avons choisi ici !

Une inspiration sport pour ce tee-shirt simple et efficace. Sans pince il embrasse la tendance des vêtements *street* et *loose*. Il est large, long et confortable, se rentre dans un jean taille haute, se porte en robe ou retombe sur un legging.
Le tee-shirt et les robes photographiés sont cousus en taille 4.

TEE-SHIRT XXY

NIVEAU : débutant ✂

Tissus conseillés

▰ Tous les tissus en maille, type jersey ou sweat, fonctionnent pour ce tee-shirt. Un sweat fin lui offrira un tombé plus lourd que du jersey fin et une forme structurée qui sera originale.

Matériel

- 130 cm de tissu
- ***Optionnel*** : 7 cm × 50 cm de bord-côte, si vous souhaitez faire une encolure contrastante

Points techniques

▰ Coudre du jersey (voir cahier technique, p. 115)
▰ Coudre une encolure en jersey ou en bord-côte
▰ Faire un ourlet ou un rempli sur du jersey (voir cahier technique, p. 117)

Attention Le patron de l'encolure peut différer en fonction de l'élasticité du bord-côte ou du tissu choisi ! Suivez les instructions et les astuces de la notice de montage, p. 21.

Pièces du patron

Patron tracé en bleu / planche A.

Pièce	Coupe	Les marges de couture sont incluses
1. Bande d'encolure	1 × bord-côte ou tissu	1 cm tout autour
2. Devant	1 × tissu au pli	1 cm tout autour et 2 cm pour l'ourlet
3. Dos	1 × tissu au pli	1 cm tout autour et 2 cm pour l'ourlet
4. Manche	2 × tissu	1 cm tout autour et 2 cm pour l'ourlet

Plan de coupe

Le tissu est plié en portefeuille pour couper le devant et le dos, puis en deux pour couper les manches. Utiliser la chute pour couper la bande d'encolure en une seule épaisseur.

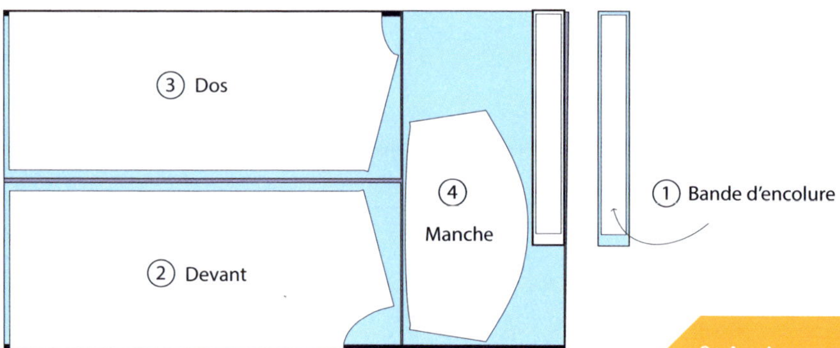

Montage Lorsque le verbe *assembler* est utilisé sans autre précision, il s'agit d'assembler en une seule étape à la surjeteuse ou en deux étapes à la machine à coudre, en cousant au point élastique, puis en surfilant (voir cahier technique, p. 115).

XXY

1 Assembler, endroit contre endroit, les épaules du devant et du dos en superposant les crans des épaules.

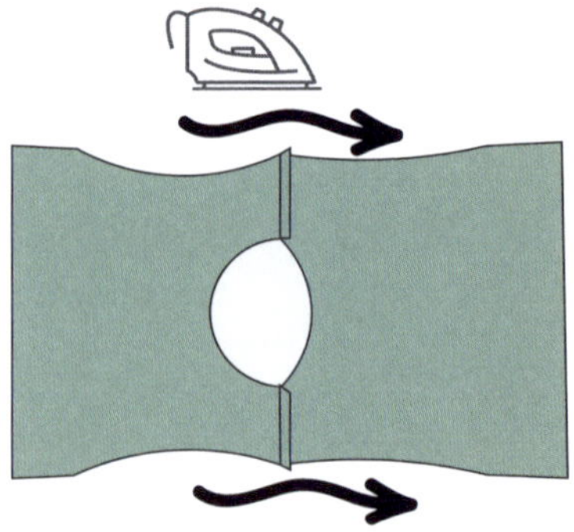

2 Plaquer les marges de couture vers le dos au fer à repasser.

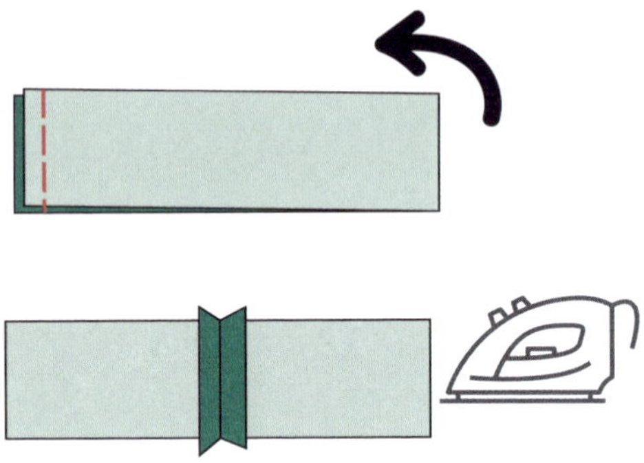

3 Fermer la bande d'encolure à la machine à coudre, en superposant ses petits côtés, puis ouvrir les marges de couture au fer à repasser.

4 Pour préformer la bande d'encolure, la plier en deux dans la longueur, envers contre envers, et repasser à pleine vapeur.

5 Former l'arrondi du col : poser la bande bien à plat, en forme de cercle, et repasser avec beaucoup de vapeur. Le col sera ainsi correctement formé et ne gondolera pas.

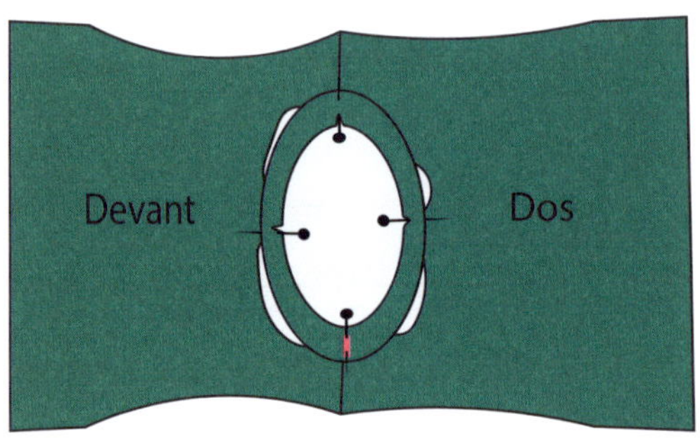

6 Épingler la bande à l'encolure, endroit contre endroit, bord franc sur bord franc, en superposant les crans des milieux devant et dos, puis d'une couture d'épaule. La seconde couture d'épaule se superpose à la couture de la bande. La bande est plus courte que l'encolure.

Attention Il faudra certainement adapter la longueur de la bande d'encolure, le patron étant conçu pour un tissu avec un certain taux d'élasticité. Si le tissu choisi a un taux d'élasticité supérieur, il faut la raccourcir, sinon elle va bâiller. S'il a un taux d'élasticité inférieur, il faut la rallonger, sinon elle va froncer le tissu. Faire un essai en bâtissant la bande sur le tee-shirt et repasser en place. Si la forme convient, passer à l'assemblage. Sinon, débâtir et raccourcir la bande. Nous conseillons en plus de faire l'assemblage à la machine à coudre, de vérifier si l'encolure convient puis de surjeter si c'est bien le cas. En effet, il est beaucoup plus simple de défaire une couture à la machine qu'une couture à la surjeteuse ! (Ça sent le vécu...)

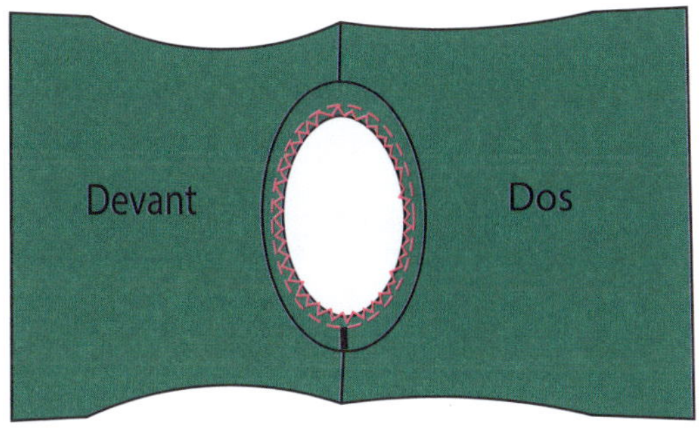

7 Assembler la bande à l'encolure en ajoutant des épingles si besoin. Comme la bande est plus courte que l'encolure, il faut légèrement tirer dessus lors de la couture et la répartir régulièrement.

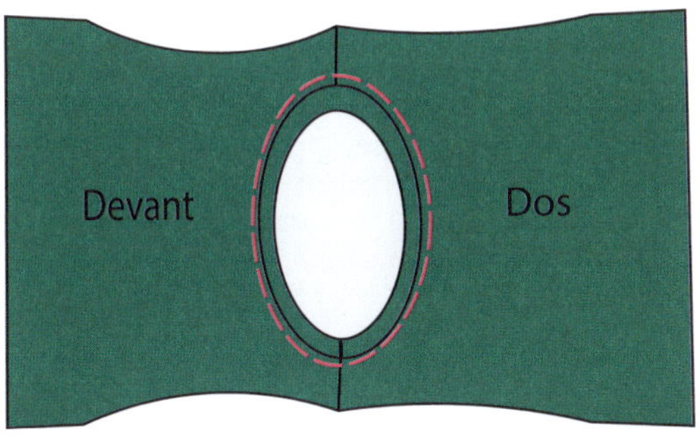

8 Bien repasser les marges de couture vers le bas, sur l'envers, pour ne pas lustrer le tissu. Surpiquer sur l'endroit, avec la machine à coudre, pour fixer les marges de couture vers le bas, à 2 mm de la couture.

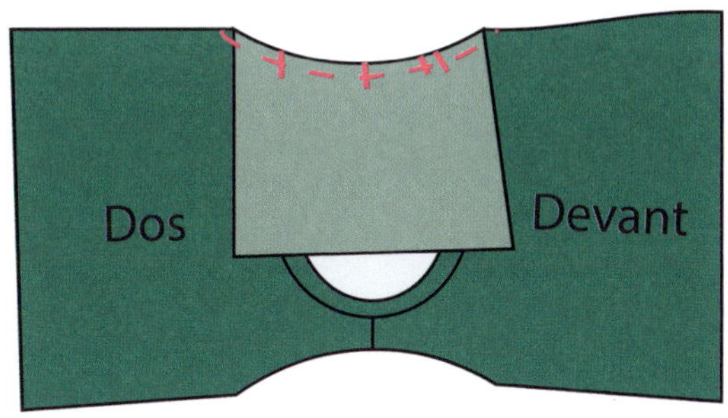

9 Épingler et assembler la tête de manche dans l'emmanchure, endroit contre endroit, en veillant à bien superposer les crans (deux crans pour le devant, un cran pour le dos, et un cran pour la couture épaule). Des crans indiquent aussi le début et la fin des manches.

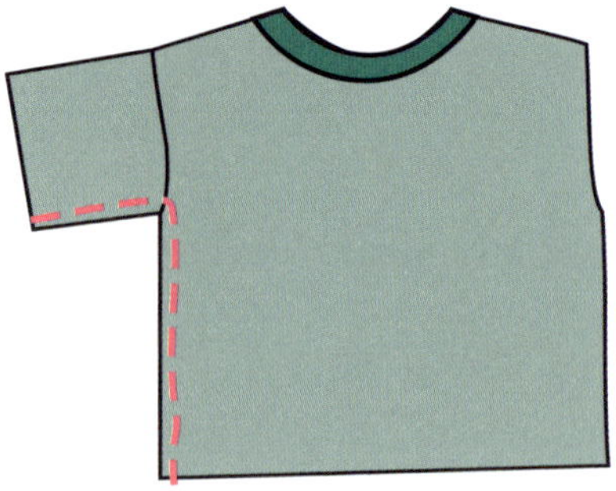

10 Épingler les côtés et les dessous des manches endroit contre endroit, puis assembler en une seule fois.

11 Surfiler le bas des manches et du buste.

12 Coudre les remplis simples de 2 cm en bas des manches et en bas du buste après les avoir marqués au fer (voir cahier technique, p. 117).

Bonus

- Raccourcir le tee-shirt pour en faire un crop top.
- Allonger le tee-shirt pour en faire une robe mini, midi ou maxi. Pour les robes photographiées, nous avons allongé le tee-shirt de 30 cm.
- Supprimer les manches pour en faire un tank tee.
- Ajouter des découpes (voir cahier technique, p. 122).

Portez fièrement votre tee-shirt XXY !

Partagez vos créations sur les réseaux sociaux avec #teeshirtXXY

XXY

LE PANTALON

une histoire de révolte

Vous ne pensiez pas être révolutionnaire en vous habillant le matin ? Et pourtant, le pantalon est un objet politique depuis plusieurs siècles...

Le pantalon est vieux comme le monde ! Enfin, il apparaît en même temps que la domestication du cheval, plus de 1000 ans avant notre ère. Eh oui, pour monter à cheval, la robe n'est pas des plus pratiques ! La forme de ce vêtement était cependant bien différente de celle que nous connaissons aujourd'hui.

Le pantalon moderne apparaît en Europe au XVIe siècle. Lors de la Révolution de 1789, il devient un symbole de la contestation : les « Sans-culottes » portent justement le pantalon, par opposition à la classe aristocratique qui porte la « culotte ».

Même si, au cours du XIXe siècle, il est progressivement porté par toutes les classes de la société, ce vêtement demeure réservé aux hommes. Il lui a donc fallu s'affranchir du patriarcat ! Car à l'époque, si une femme souhaitait porter un pantalon, elle devait demander une « permission de travestissement » à l'administration et justifier son usage (l'exercice de certains métiers ou des raisons médicales, par exemple). L'écrivaine George Sand et la peintre Rosa Bonheur ont multiplié les demandes de permissions de travestissement et elles portaient même parfois ce vêtement, bien plus pratique pour leurs diverses activités, dans l'illégalité.

Mais c'est surtout grâce au sport que son destin a changé et qu'il est aussi devenu un vêtement féminin. Il faut toutefois attendre les années 1960-1970 pour que son port se généralise chez les femmes, avec l'intervention de la haute couture. Et la loi dans tout ça ? Ce n'est qu'en janvier 2013 que l'interdiction de porter des pantalons pour les femmes a été levée. Avant, nous étions donc toutes hors la loi !

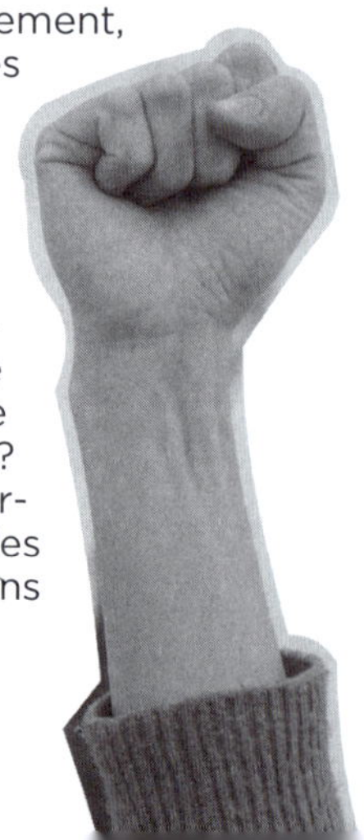

Un pantalon nous intéresse particulièrement dans cet ouvrage, symbole du hip-hop et des années 1990 et 2000 : le baggy. Même s'il a été popularisé par les artistes du rap, elles et ils n'en sont pas à l'origine. En effet, ce pantalon vient des prisons américaines ! Les prisonniers portaient l'uniforme de la prison, souvent trop grand, et n'avaient pas le droit de porter de ceinture… Le pantalon tombait donc sous les fesses, révélant le caleçon, et la démarche adoptée pour ne pas le perdre est devenue synonyme de « *bad boy* ». Cette allure plaît immédiatement dans le milieu du gangsta rap et les membres du groupe N.W.A, entre autres, le portent dans leurs clips. Ce pantalon symbolise dès lors la lutte contre l'autorité. Ce n'est cependant pas du goût de tout le monde aux États-Unis, et certains États décident de l'interdire et d'infliger des amendes, voire des peines de prison, à quiconque ose le porter !

Notre pantalon est inspiré du baggy, du jean traditionnel et du vêtement de sport. Il est large mais pas trop, a des poches quarts-de-rond, comme le jean, et une taille élastiquée, comme un jogging. Il est donc très confortable. Nous vous proposons deux longueurs : à vous de choisir selon votre stature et le look que vous voulez adopter. En fonction de la longueur de l'élastique choisie, vous le porterez taille haute ou basse pour montrer vos sous-vêtements ou non. Avec des talons, il fera pantalon de soirée, avec des baskets, il aura un style casual.
Le pantalon photographié est cousu en taille 4.

Particulièrement présent dans la communauté afro-américaine, il se diffuse malgré tout grâce à la musique et aux stars du rap : The Notorious B.I.G. a rendu incontournable le duo baggy-Timberland et Jay-Z porte toujours son baggy avec les fameuses Nike Air Force One blanches (baskets les plus vendues dans le monde encore aujourd'hui).
Rappelez-vous également le duo Kris Kross, ces deux enfants qui mettaient leur baggy à l'envers, et de Missy Elliott, qui le portait avec ses vestes Adidas !

PANTALON XXY

NIVEAU : intermédiaire ✂✂

Tissus conseillés

- jean fin, chambray, coton épais, wax...

Points techniques

- Faire un ourlet
- Insérer un élastique
- Coudre une poche plaquée
- Coudre des poches arrondies

Matériel

- 220 cm de tissu
- 30 cm de tissu fin pour les fonds de poche
- environ 1 m d'élastique de 4 cm de large

Pièces du patron

Patron tracé en vert / planche C.

Pièce	Coupe	Les marges de couture sont incluses
1. Jambe devant	2 × tissu	1 cm tout autour et 1,5 cm pour l'ourlet
2. Jambe dos	2 × tissu	1 cm tout autour et 1,5 cm pour l'ourlet
3. Fond de poche	2 × tissu fin	1 cm tout autour
4. Petit côté de poche	2 × tissu	1 cm tout autour
5. Empiècement dos	2 × tissu	1 cm tout autour
6. Poche dos	2 × tissu	1 cm tout autour
7. Ceinture	1 × tissu au pli	1 cm tout autour

Attention Les pièces Jambe devant et Jambe dos sont tracées en deux parties sur la planche. Après avoir décalqué les deux parties, superposer les lignes avec des lettres pour reformer la pièce entière.

Plan de coupe

Le tissu est plié en deux. Il est possible de le plier partiellement en deux pour couper la jambe dos et ainsi obtenir une grande chute qui pourra servir pour un autre projet. Le tissu fin est plié partiellement en deux.

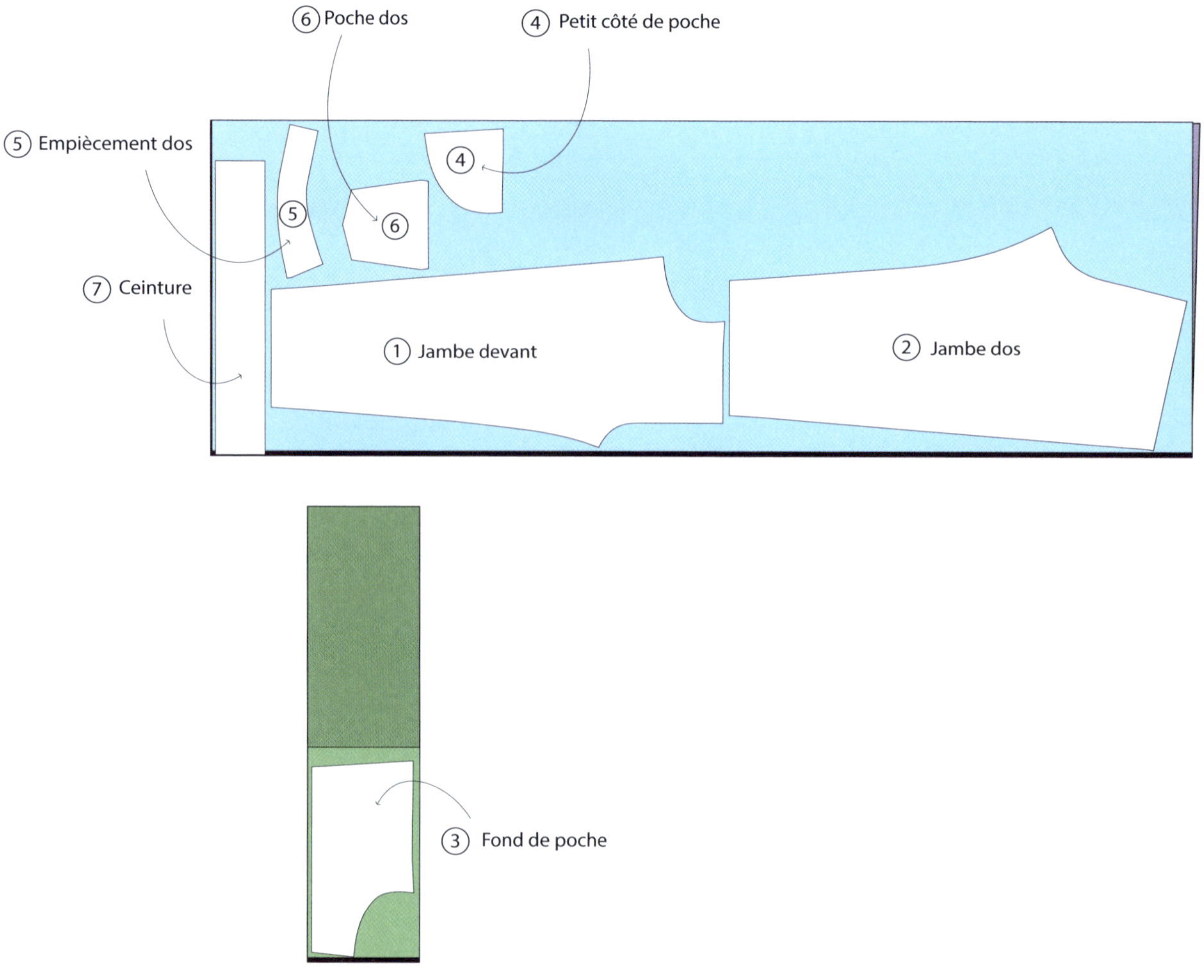

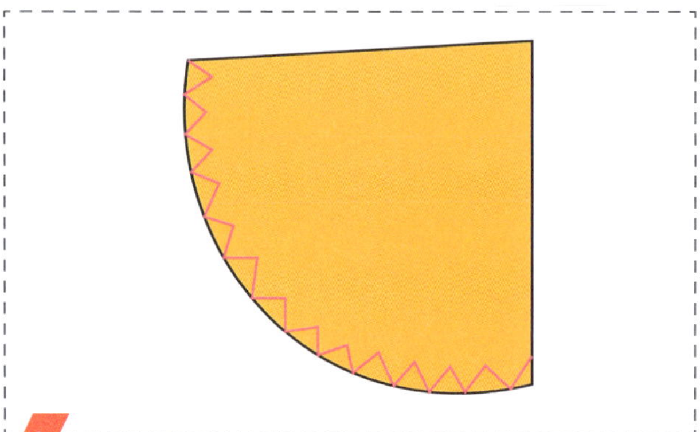

1 Surfiler l'arrondi des petits côtés de poche.

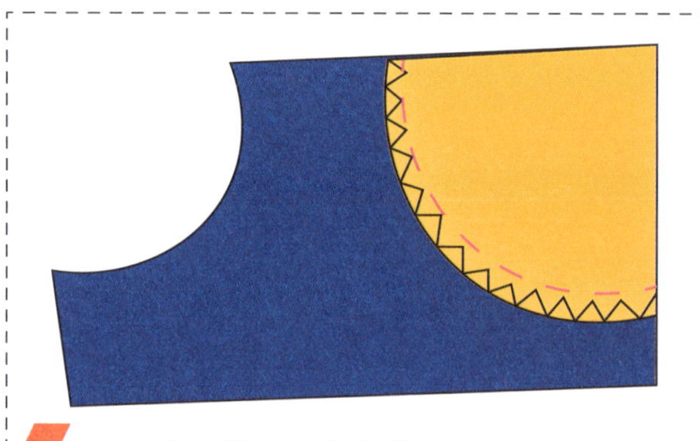

2 Poser les petits côtés de poche sur l'endroit des fonds de poches et piquer le long de l'arrondi pour les fixer.

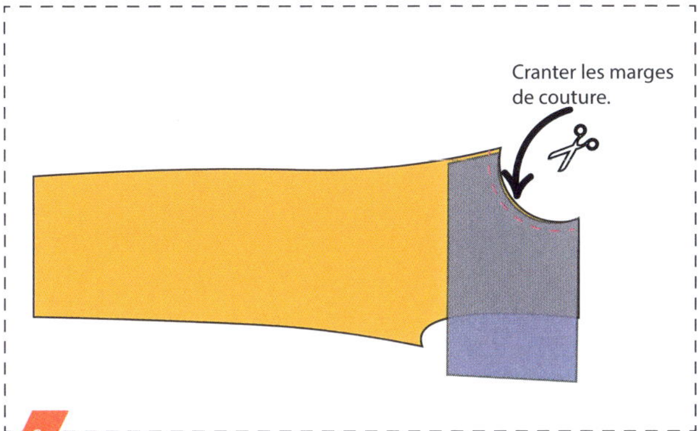

3 Poser le fond de poche sur la jambe devant, endroit contre endroit. Coudre le long de l'arrondi, et cranter la marge de couture.

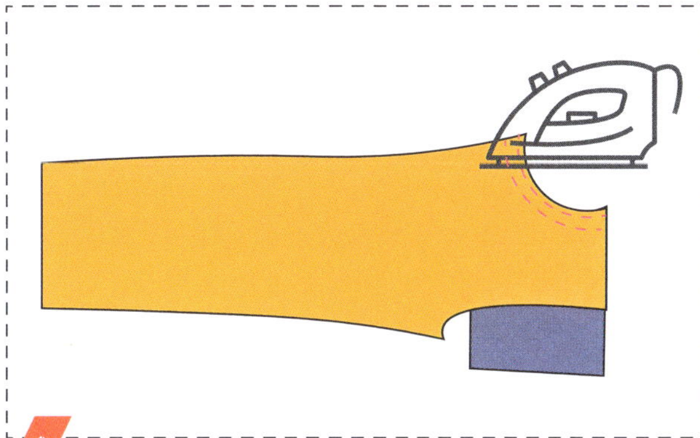

4 Placer le fond de poche dans sa position finale, contre l'envers de la jambe, et repasser soigneusement, éventuellement avec une pattemouille. Surpiquer l'entrée de poche à 2 mm du bord pour la maintenir en place. Pour un effet jean, ajouter une seconde surpiqûre à 5 mm de la première.

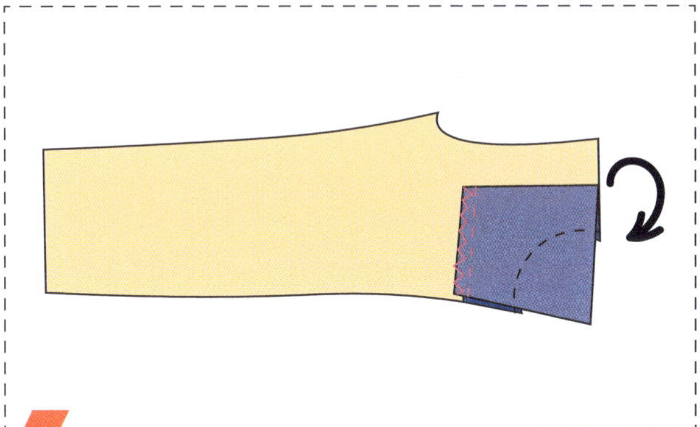

5 Plier les fonds de poches le long de la ligne de pliure. Coudre le bas pour fermer la poche. Surfiler les marges de couture.

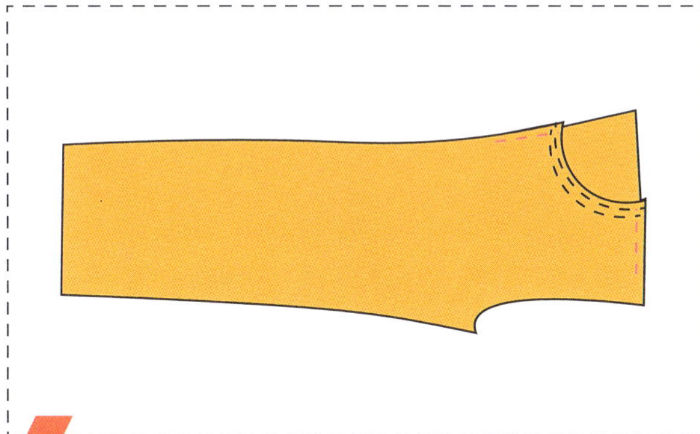

6 Faire une piqûre de maintien en haut et sur le côté de la poche. La poche ne bougera plus !

7 Superposer, endroit contre endroit, l'empiècement dos et la jambe dos. Piquer, puis surfiler.

8 Positionner les empiècements vers le haut et repasser la couture couchée vers le bas. Réaliser une double surpiqûre (à 2 mm puis à 5 mm de la couture).

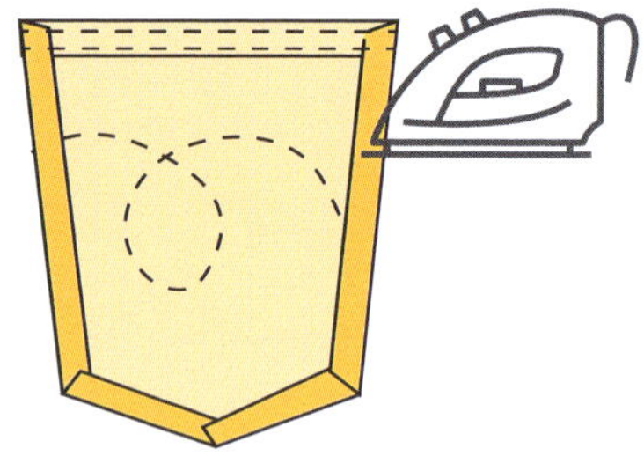

9 Préparer les poches dos : sur le haut de la poche, marquer au fer un premier rempli contre l'envers de 0,5 cm, puis un second de 1 cm. Piquer pour maintenir en place (avec éventuellement une seconde surpiqûre). ***Optionnel : broder un motif sur la poche à la machine.***

10 Marquer au fer un rempli contre l'envers de 1 cm, sur les côtés et la pointe du bas.

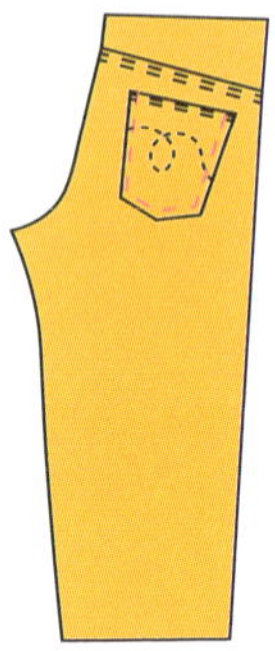

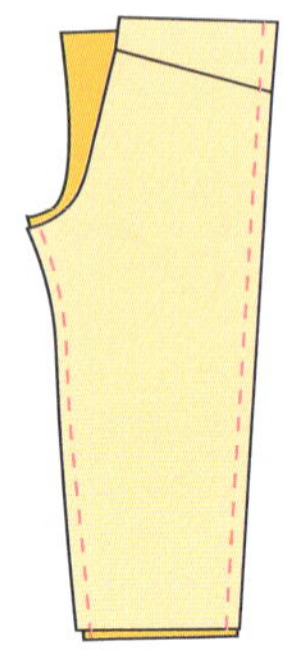

11 Épingler les poches sur les jambes dos, à l'emplacement prévu sur le patron. Faire une surpiqûre à 2 mm du bord pour les maintenir en place.

12 Épingler, endroit contre endroit, les deux côtés d'une jambe devant avec une jambe dos et piquer. Surfiler les marges de couture ensemble. Recommencer pour l'autre jambe. Repasser à pleine vapeur, sur l'envers, pour plaquer les marges de couture vers le dos.

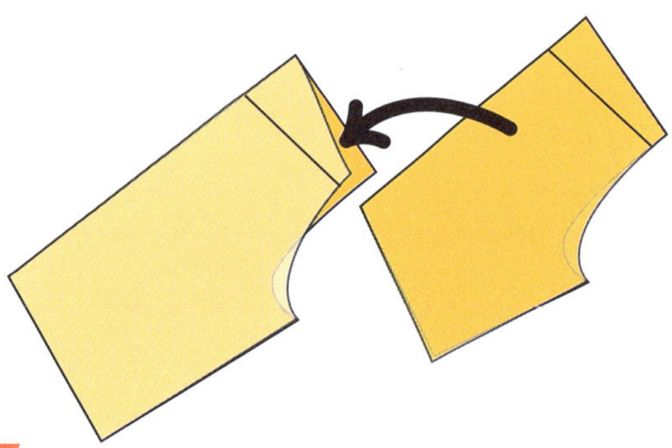

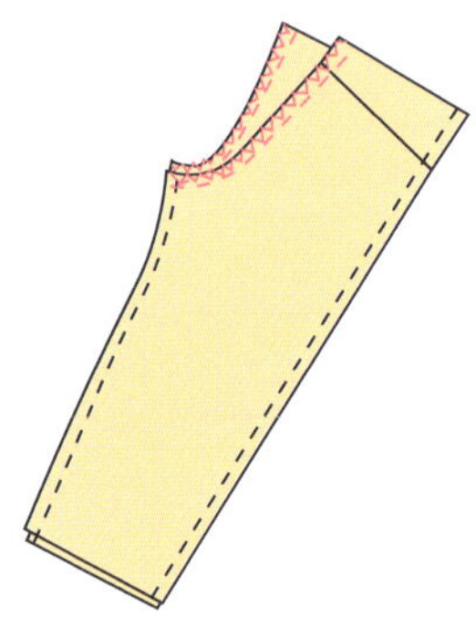

13 Mettre une jambe à l'endroit et l'insérer dans l'autre jambe toujours sur l'envers, de telle sorte que les jambes se retrouvent endroit contre endroit.

14 Coudre les deux jambes en piquant tout le long de la fourche. Surfiler les marges de couture ensemble et repasser pour plaquer les marges de couture d'un côté.

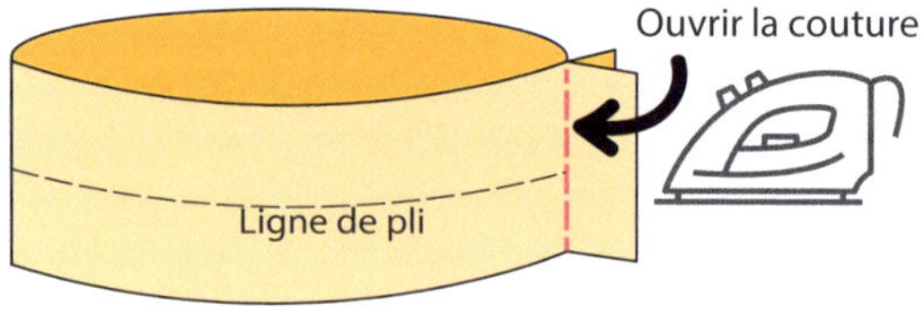

15 Fermer la ceinture en piquant les petits côtés ensemble, endroit contre endroit. Repasser la couture ouverte.

16 Préformer la ceinture en la pliant en deux dans sa longueur, envers contre envers.

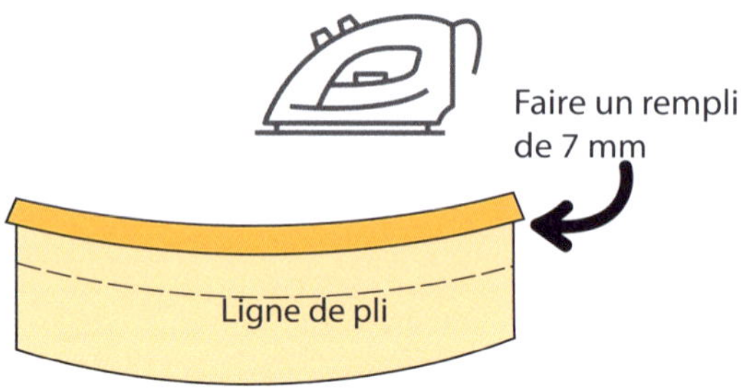

17 Marquer au fer un rempli de 7 mm sur l'un des bords.

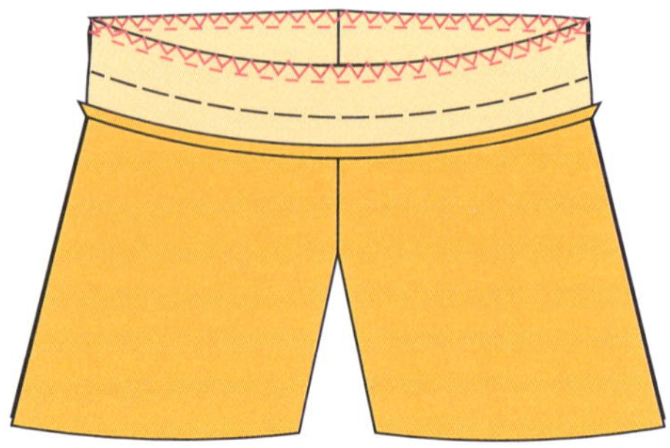

18 En vous aidant des crans, positionner le côté de la ceinture non replié contre le haut du pantalon, endroit contre endroit. Coudre et surfiler les marges de couture ensemble.

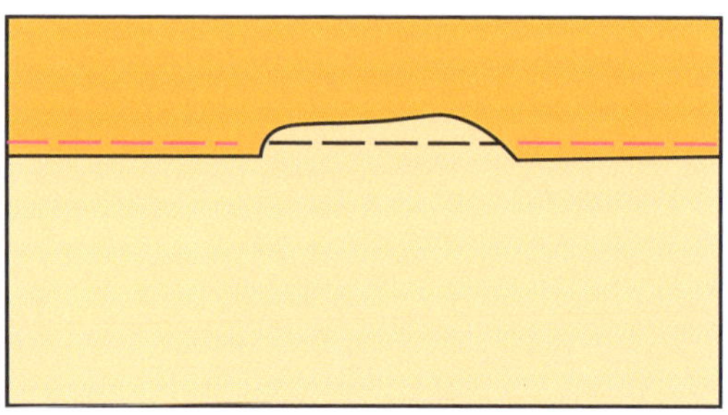

19 Repasser les marges de couture vers la ceinture. Rabattre la ceinture à l'intérieur : le rempli formé à l'étape 17 se superpose à la première couture. Maintenir la ceinture en place en piquant en sillon dans la première couture, sur l'endroit, et en laissant une ouverture de 4 cm.

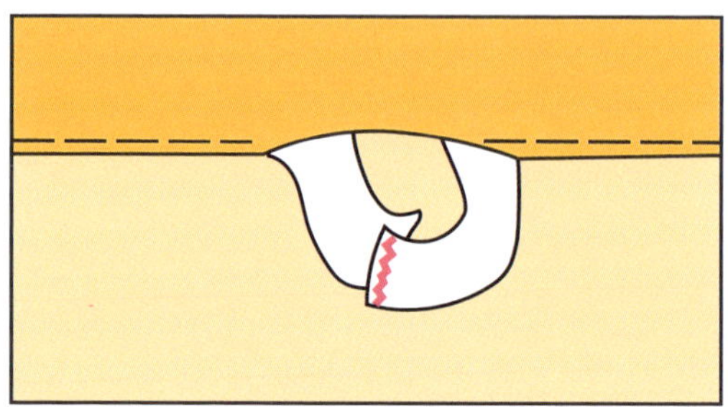

20 Passer l'élastique de 4 cm de large autour de la taille pour mesurer la longueur nécessaire. Il ne doit être ni lâche ni serré. Ajouter 2 cm de marge de couture et couper. Passer une épingle à nourrice dans une extrémité de l'élastique et l'insérer dans la coulisse, par l'ouverture formée à l'étape 19. Superposer le début et la fin de chaque élastique sur 1 cm, et coudre solidement avec un point zigzag et plusieurs allers-retours (voir cahier technique, p. 120).

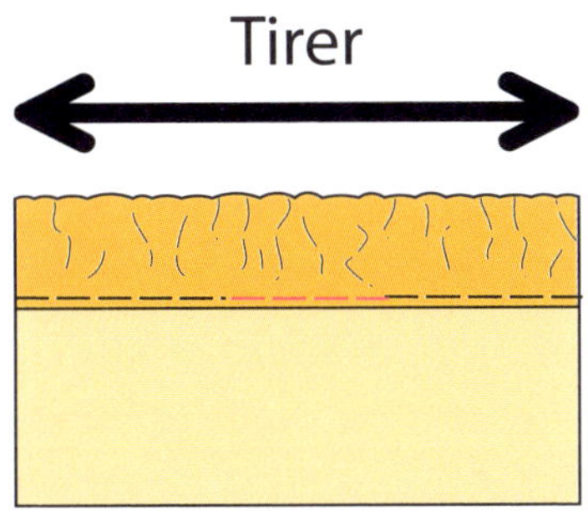

21 Fermer l'ouverture en reprenant la couture à la machine. Tirer sur la ceinture plusieurs fois pour bien répartir l'élastique et les fronces. Si l'élastique tourne sur lui-même, il est possible de le fixer en le surpiquant dans les coutures des côtés.

22 Marquer au fer un rempli contre l'envers de 0,5 cm en bas des jambes, puis un second de 1 cm. Piquer l'ourlet à 2 mm du bord supérieur.

Bonus

- Jouer sur le bicolore : une jambe de chaque couleur.
- Ajouter des poches : devant, derrière et/ou sur les côtés pour en faire un pantalon cargo.
- Mettre des bandes sur les côtés pour rappeler une célèbre marque.
- Ajouter des empiècements colorés, en suivant la méthode p. 122-124.
- Surpiquer l'élastique de la ceinture pour un effet smocké, comme expliqué dans le cahier technique, p. 121.

Portez fièrement votre pantalon XXY !

Partagez vos créations sur les réseaux sociaux avec #pantalonXXY

LA CHEMISE DE BASE-BALL

un drôle de zèbre

L'uniforme du joueur ou de la joueuse de base-ball est caractéristique. Et lorsque l'on pense à ce sport, on imagine immédiatement la casquette, la batte, le gant de cuir, le pantacourt, les chaussettes hautes… et la fameuse chemise rayée. Pourtant, avant d'arriver dans la rue, celle-ci a eu une longue histoire.

Pour expliquer sa forme et ses couleurs, il faut remonter dans le temps, aux origines de la chemise. Au Moyen Âge, c'est avant tout une tenue pour travailler, et elle n'a pas encore de boutons. Après la Renaissance, les premières boutonnières apparaissent, avec la convention suivante : les hommes s'habillent seuls, les boutons sont à droite ; les femmes se font habiller par leur domestique, les boutons sont à gauche (c'est plus pratique !). Dans ce livre de couture qui prône les vêtements mixtes, les boutons sont où vous voulez, ce n'est pas important finalement !

Et les rayures que nous y associons, alors ? L'explication se trouverait dans la tradition protestante : il faut porter du blanc (symbole de pureté) près du corps et du noir ou du foncé (symbole de dignité) à l'extérieur. Au quotidien, la chemise est donc généralement blanche et la veste et le gilet, noirs. Et jusqu'au XXe siècle, à part pour une tâche très physique, on ne porte pas la chemise sans une veste ou un gilet ! Oui mais voilà, les sportifs anglais et américains ne portent qu'une seule couche de vêtements sur le terrain. Pour respecter les traditions, certains clubs décident alors de porter des chemises blanches à rayures noires. Et tout le monde est content !

Le maillot de sport rayé est ainsi adopté. Au fil du temps, les matières changent avec l'invention de textiles tricotés et synthétiques, les manches raccourcissent pour plus de confort, et surtout, il se pare de logos. Certes, le maillot est un puissant outil identitaire, mais il devient aussi un redoutable outil publicitaire ! Si la chemise de base-ball n'est pas recouverte de noms de sponsors, comme au football, le logo d'une marque de sport y est bien présent.

Ce maillot est également orné de numéros dans le dos, et l'explication en est simple : il s'agit de faciliter la reconnaissance et la désignation des joueurs par les arbitres et les commentateurs. Les lettres sont ajoutées plus tard par les universités pour se distinguer, comme nous l'expliquons pour le teddy (voir p. 62).

Les vêtements avec des lettres et des logos sont devenus des incontournables du vestiaire streetwear. Le look base-ball est descendu dans la rue où la chemise se porte de jour comme de nuit, en terrasse comme en soirée. Sa coupe large et ses revers aux manches lui donnent une allure décontractée mais élégante, puisque c'est une chemise boutonnée. Différentes associations sont imaginables pour cette chemise de base-ball : ouverte telle une surchemise sur un tee-shirt ou une brassière, sur un pantalon classe pour un côté chic américain, ou encore, fermée sur un jean. Notre look coup de cœur : rallongée en robe, ceinturée et avec des rollers. Très simple à coudre, elle n'est composée que de deux pièces et d'une parmenture. Vous trouverez le tuto pour réaliser de jolis appliqués dans le cahier technique, p. 125.
Les chemises photographiées sont cousus en taille 4.

CHEMISE DE BASE-BALL XXY

NIVEAU : débutant ✂

Tissus conseillés

▰ Coton (wax, popeline, sergé...) ou maille sweat pour les plus téméraires. Prévoyez un tissu qui est aussi joli à l'envers, car il se verra dans les finitions des manches. Sinon, modifiez le patron en conséquence. Et n'hésitez pas, osez les rayures arbitres !

Matériel

- tailles 1 à 6 : 150 cm de tissu
- taille 7 : 160 cm de tissu
- 20 cm × 90 cm de thermocollant
- 5 boutons-pression ou boutons à coudre de 15 mm de diamètre environ.

Points techniques

▰ Thermocoller
▰ Faire un ourlet

Pièces du patron

Patron tracé en orange / planche A et C.

Pièce	Coupe	Les marges de couture sont incluses
1. Devant	2 × tissu	1 cm tout autour, 1 cm pour l'ourlet du bas et 3 cm pour l'ourlet des manches
2. Dos	1 × tissu au pli	1 cm tout autour, 1 cm pour l'ourlet du bas et 3 cm pour l'ourlet des manches
3. Parmenture devant	2 × tissu 2 × thermocollant	1 cm tout autour
4. Parmenture dos	1 × tissu au pli 1 × thermocollant au pli	1 cm tout autour

Plan de coupe

Le tissu est plié en deux.

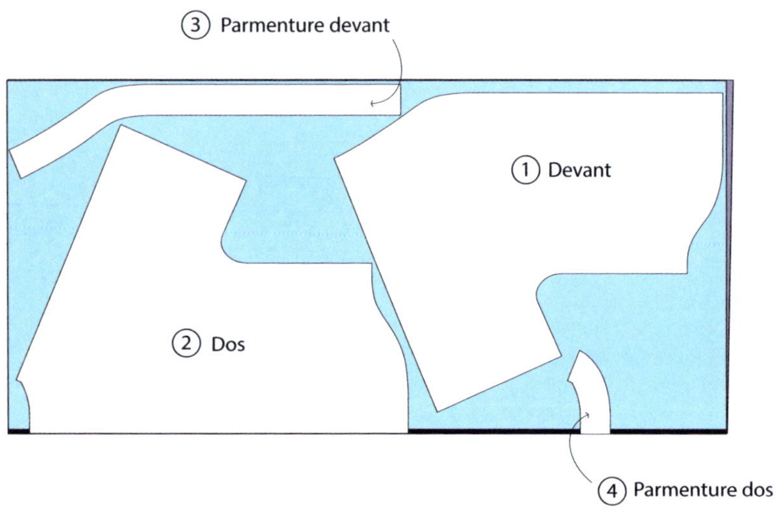

XXY

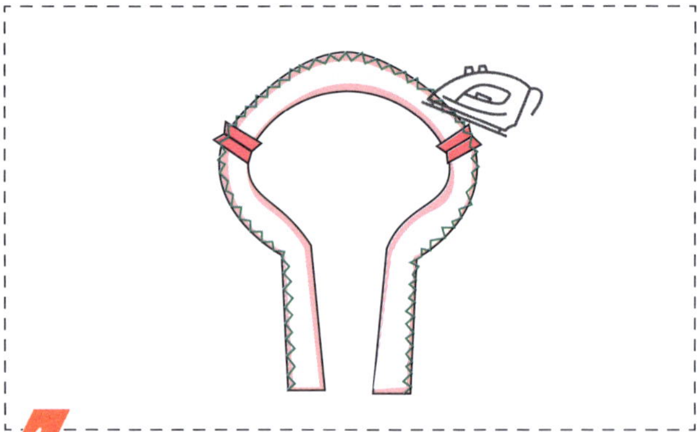

1 Thermocoller les trois morceaux qui forment la parmenture, puis coudre ces morceaux, endroit contre endroit, le long d'un petit côté (celui avec les crans). Ouvrir la couture au fer. Surfiler le bord extérieur.

2 Surfiler les épaules et les côtés des devants et du dos.

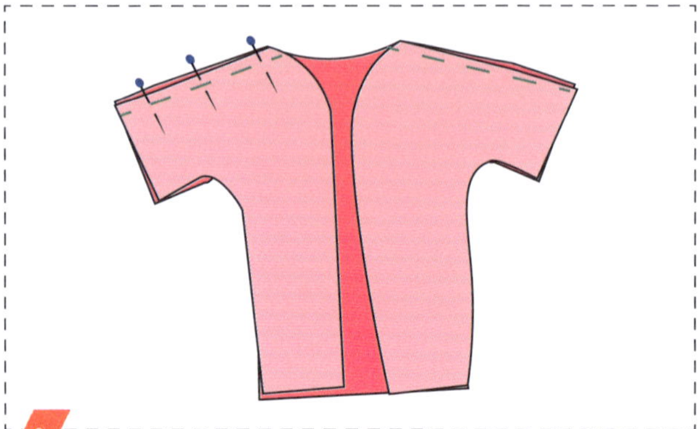

3 Épingler endroit contre endroit les épaules des devants et du dos, puis coudre. Ouvrir les marges de couture au fer à repasser.

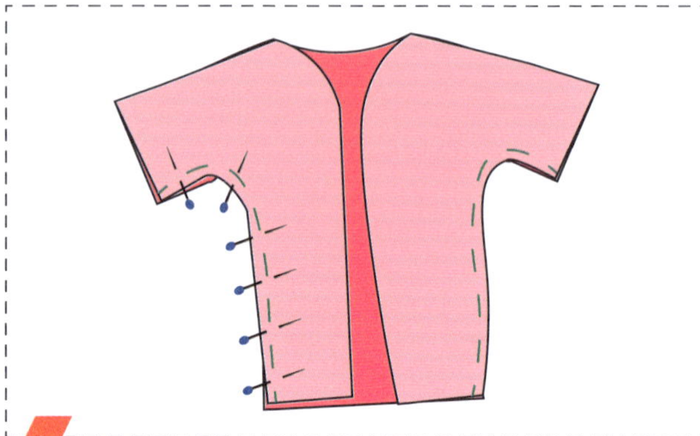

4 Épingler endroit contre endroit les côtés et les dessous des manches et coudre. Ouvrir les marges de couture au fer à repasser.

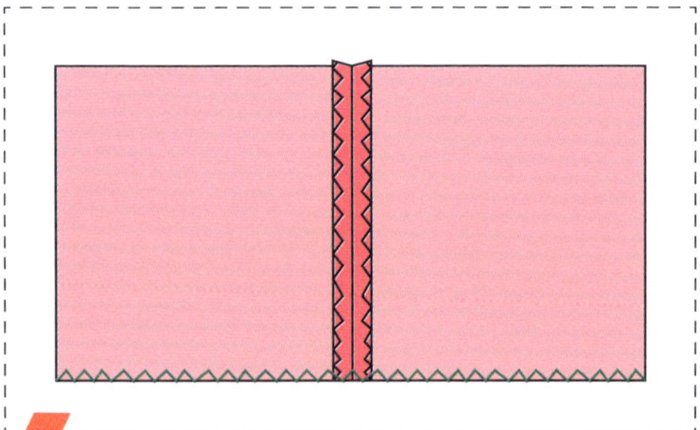

5 Surfiler tout le bas de la chemise et le bas des manches, en veillant à garder toutes les marges de couture ouvertes.

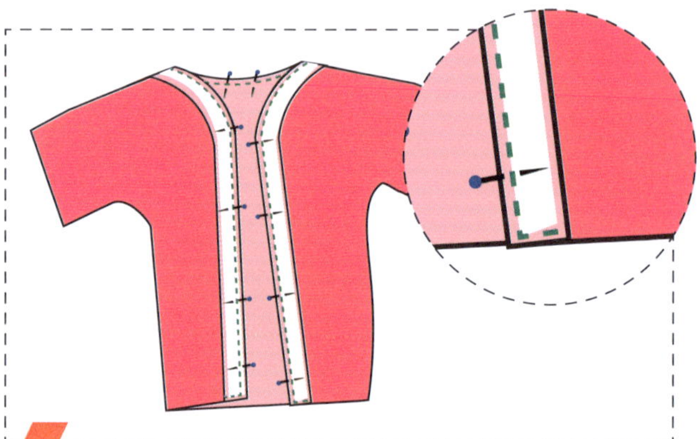

6 Superposer la parmenture et la chemise, endroit contre endroit, et épingler. Les crans et les coutures des épaules doivent se superposer. Coudre tout le long de l'encolure et de l'ouverture devant ainsi qu'en bas de la parmenture, en angle droit.

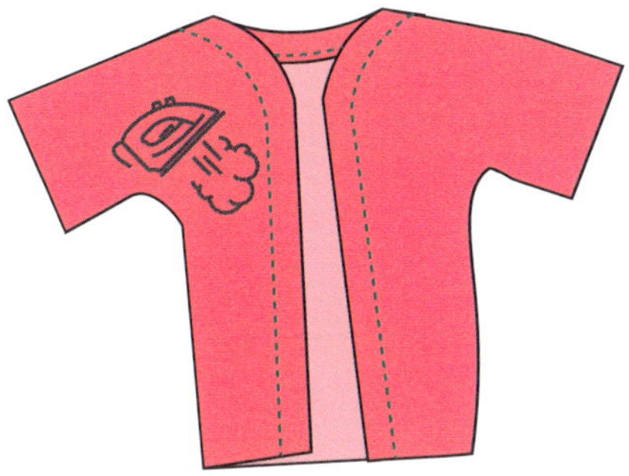

7 Cranter les arrondis, dégarnir ou plier soigneusement les angles en bas. Retourner la parmenture dans sa position finale, bien faire ressortir les angles en bas, et repasser soigneusement. Pour maintenir la parmenture en place, la piquer sur l'endroit à 4 cm du bord tout le long de l'encolure et du devant. Repasser une dernière fois.

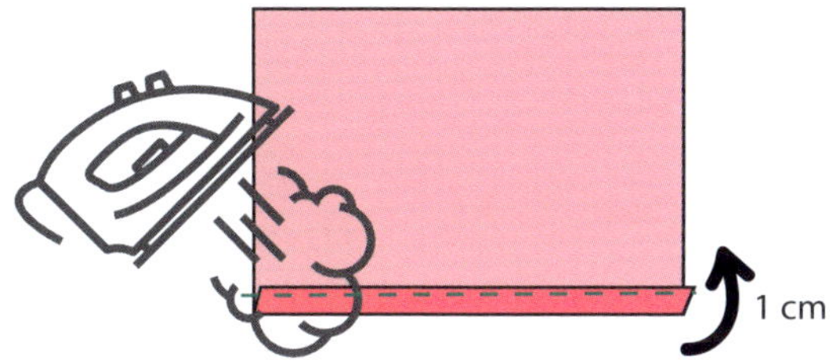

8 Marquer au fer un seul rempli de 1 cm tout le long du bas de la chemise, envers contre envers. Il faut bien insister dans les arrondis, en utilisant de la vapeur. Piquer l'ourlet pour le maintenir, à 2 mm du bord dans le surfil fait à l'étape 5. L'ourlet se place tout seul dans la continuité de la couture du bas de la parmenture.

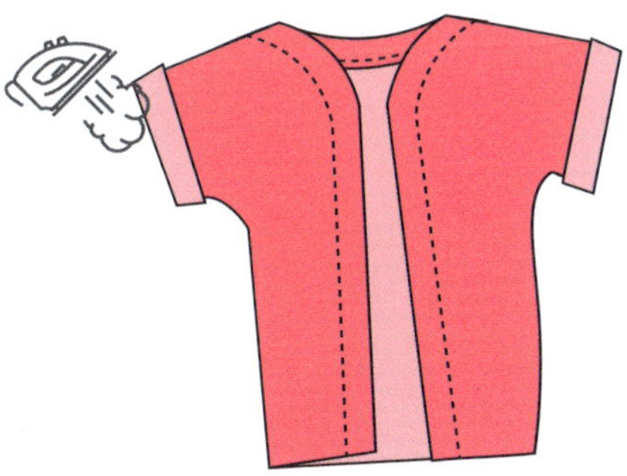

9 Faire les revers des manches. Marquer au fer un premier rempli de 3 cm, endroit contre endroit. Puis marquer au fer un second rempli de 3 cm, endroit contre endroit. Piquer sur 3 cm dans le sillon des coutures d'épaule et de dessous des manches, pour maintenir le revers en place.

10 Poser les boutons-pression ou les boutons à coudre en suivant les indications du patron ou non. Nous conseillons de mettre un bouton tous les 10 cm. Éventuellement, faire des appliqués en suivant les instructions du cahier technique, p. 125-127.

Bonus

- Rallonger un peu la chemise pour en faire une robe mini.
- Raccourcir la chemise pour en faire un *crop top*.
- Oser les tissus à motifs ou flashy, pour l'éloigner de son look sportif. Et pourquoi pas en wax ?!

Portez fièrement votre chemise XXY !

Partagez vos créations sur les réseaux sociaux avec #chemiseXXY

XXY
Team

LE HOODIE
la mauvaise réputation

Le *hoodie*, c'est le fameux sweat à capuche que nous avons toutes et tous dans notre armoire…

Le mot *capuche* tire ses origines de l'italien *capuce*. Traditionnellement portée par les moines, la capuche donne son nom aux frères capucins, qui la portaient très longue. La capuche, qui a été initialement conçue pour se protéger des intempéries, permettait aussi aux moines de s'isoler du monde, les aidant ainsi à entrer dans un état méditatif.

Faisons un bond dans le temps pour arriver il y a presque un siècle, en 1930. Les ouvriers des entrepôts frigorifiques de New York portent alors la capuche pour protéger leur tête du froid. Elle se répand ensuite dans les milieux sportifs pour reposer la tête et garder le corps chaud, notamment en boxe, sport pour lequel l'image la plus célèbre est sûrement celle de Mohamed Ali sous la capuche de son peignoir. Mais on la retrouve aussi sur les hauts de survêtements en molleton dans d'autres sports : c'est le fameux *hoodie*.

Comme pour la plupart des vêtements streetwear, les jeunes des lycées et des universités copient les athlètes et portent à leur tour des *hoodies* aux couleurs de leur établissement. Très vite, cependant, ce n'est plus l'apanage des jeunes gens de milieux aisés : dans les années 1970, la mode de la capuche se diffuse dans les quartiers populaires des États-Unis ainsi que dans les gangs, puisqu'elle cache une partie du visage.

La capuche fait une nouvelle percée remarquée dans l'histoire de la mode dans les années 1990 et se permet même quelques fantaisies, comme la capuche séparable en son milieu à l'aide d'un zip. Différents vêtements se parent à leur tour d'une capuche : sweats, gilets, vêtements de sport, tee-shirts... Le *hoodie* devient alors une pièce phare du vestiaire, tant sportif que citadin. Les rappeurs et rappeuses en portent sur scène, dans leurs clips et dans leur quotidien, et les maisons de haute couture s'en emparent, comme Louis Vuitton sous Virgil Abloh. On porte la capuche parce qu'elle est à la mode, et indémodable, qu'il pleuve, qu'il neige, qu'il vente... ou qu'il fasse beau.

Avec ses empiècements de différentes couleurs, notre version du hoodie est très fortement inspirée des années 1980 et 1990. Il est oversize, non genré, avec une ligne d'épaule plutôt basse. Sa capuche est large et munie d'un cordon pour la resserrer. La poche de devant est une double poche : elle possède un rabat qui se ferme avec des pressions en haut pour y ranger les choses importantes et précieuses, mais elle a aussi un double fond avec une ouverture sur les côtés pour y glisser les mains. Même si ce sweat est multicolore, il se prête aussi à des versions monochromes, plus chics, qui souligneront les empiècements avec subtilité.
Les *hoodies* photographiés sont cousus en taille 5.

Malgré sa grande popularité, aujourd'hui encore, la capuche n'est acceptée en société que lorsqu'elle n'est pas portée sur la tête et qu'elle tombe sur le dos. Un garçon noir portant une capuche relevée sur la tête a bien souvent une image de voyou. En 2012, en Floride, Trayvon Martin, un jeune de 17 ans, a été tué par balle dans la rue par un vigile qui l'a considéré dangereux parce qu'il portait un *hoodie*. En réalité, l'adolescent rentrait chez lui après avoir acheté des bonbons. C'est à la suite de l'acquittement du vigile qu'a démarré un mouvement mondial pour dénoncer le racisme systémique. Sur les réseaux sociaux, de nombreux comptes se mobilisent en postant des photos de gens posant avec un *hoodie* ou un carré noir : c'est la naissance du mouvement Black Lives Matter.

HOODIE XXY

NIVEAU : intermédiaire ✂✂

Tissus conseillés

Molleton ou sweat, mais ni trop lourd ni trop mou. Il faut de la tenue à ce sweat, et les fronces à la taille et aux poignets seront plus jolies avec un sweat fin ou moyen.

Points techniques

Thermocoller

Matériel

- tailles 1 à 4 : 320 cm de tissu
- tailles 5 à 7 : 330 cm de tissu
- Des chutes de thermocollant
- 2 boutons-pression
- 2 œillets 5 mm de diamètre
- 150 cm de cordelette (qui peut rentrer dans le trou d'un œillet de diamètre 5 mm)
- 150 cm d'élastique de 5 cm de largeur

Pièces du patron

Patron tracé en rouge / planche A.

Pièce	Coupe	Les marges de couture sont incluses
1. Devant	1 × tissu au pli	1 cm tout autour
2. Dos	1 × tissu au pli	1 cm tout autour
3. Plastron devant	1 × tissu au pli	1 cm tout autour
4. Plastron dos	1 × tissu au pli	1 cm tout autour
5. Poche	1 × tissu au pli	1 cm tout autour
6. Rabat de poche	1 × tissu au pli	1 cm tout autour
7. Coulisse taille	2 × tissu au pli	1 cm tout autour
8. Manche	2 × tissu	1 cm tout autour
9. Coulisse bas de manche	2 × tissu au pli	1 cm tout autour
10. Capuche	2 × tissu	1 cm tout autour
11. Coulisse capuche	2 × tissu	1 cm tout autour
12. Doublure capuche	2 × tissu	1 cm tout autour

Tailles des élastiques à couper

	1	2	3	4	5	6	7
Élastique poignet	21,5 cm	22 cm	22,50 cm	23 cm	23,50 cm	24 cm	24,50 cm
Élastique bas	80 cm	84 cm	88 cm	92 cm	96 cm	100 cm	104 cm

Montage Lorsque le verbe *assembler* est utilisé sans autre précision, il s'agit d'assembler en une seule étape à la surjeteuse ou en deux étapes à la machine à coudre, en cousant au point élastique, puis en surfilant (voir cahier technique, p. 115).

Plan de coupe

Le tissu est plié en deux pour couper toutes les pièces sauf le devant et le plastron dos. Pour ces dernières, le tissu est plié en portefeuille.

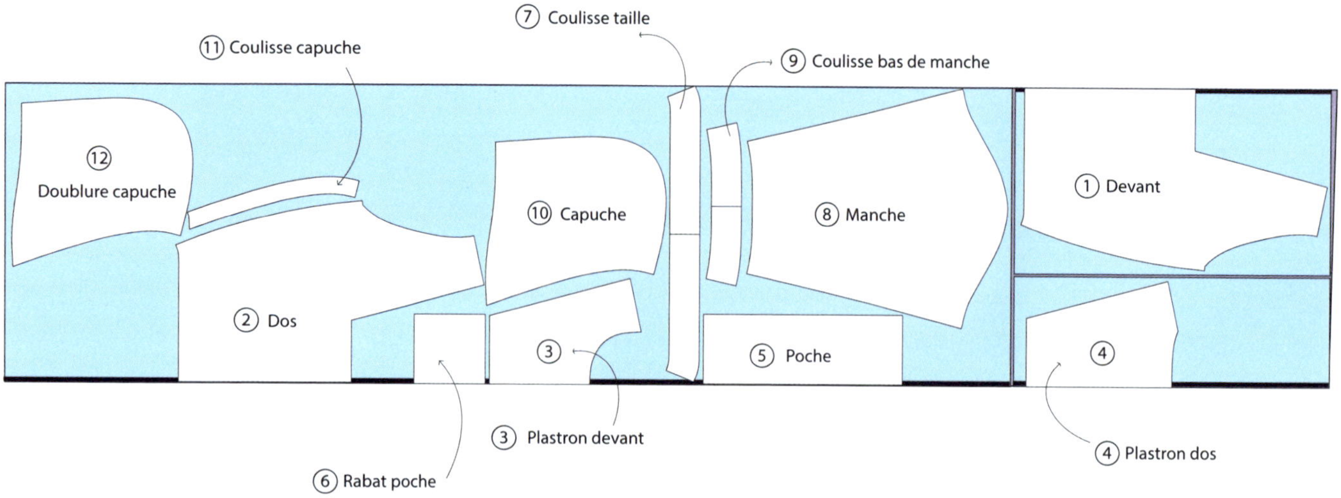

Attention Pour les pièces 10 et 12, il n'y a qu'une pièce sur la planche de patrons avec deux lignes de coupe différentes pour la pièce capuche et la pièce doublure.
Deux longueurs de manche sont proposées : il faut décalquer la pièce 9 correspondant à la longueur choisie (coulisse bas de manche longueur 1 ou 2).

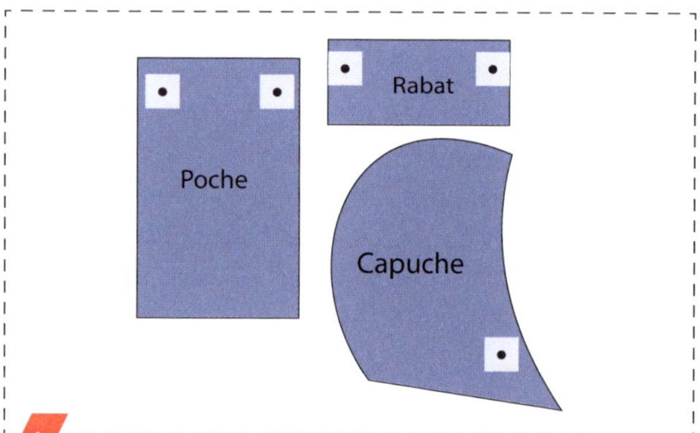

1 Thermocoller l'emplacement des boutons-pression sur l'envers du rabat de poche et de la poche. Faire de même sur la capuche, à l'emplacement des œillets.

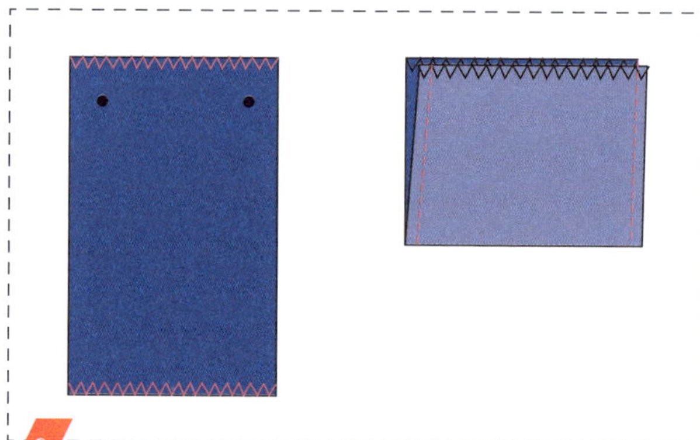

2 Surfiler les largeurs de la poche. Plier la poche endroit contre endroit (les surfils se superposent). Assembler les deux côtés qui ne sont pas surfilés.

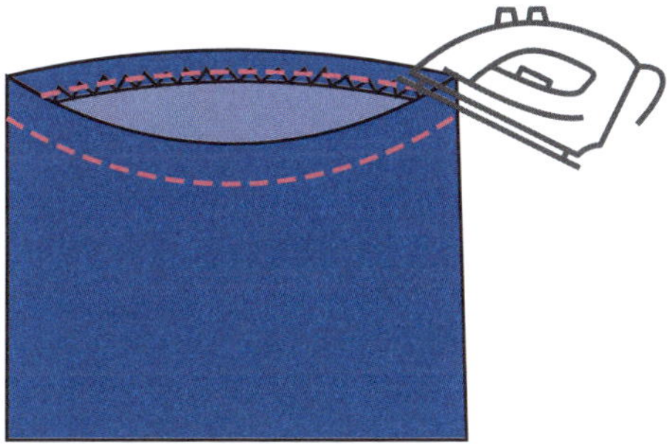

3 Retourner la poche, repasser à pleine vapeur pour bien la former et marquer un rempli de 1,5 cm sur l'envers, tout autour du haut de la poche. Piquer à la machine à coudre au point droit pour maintenir cet ourlet.

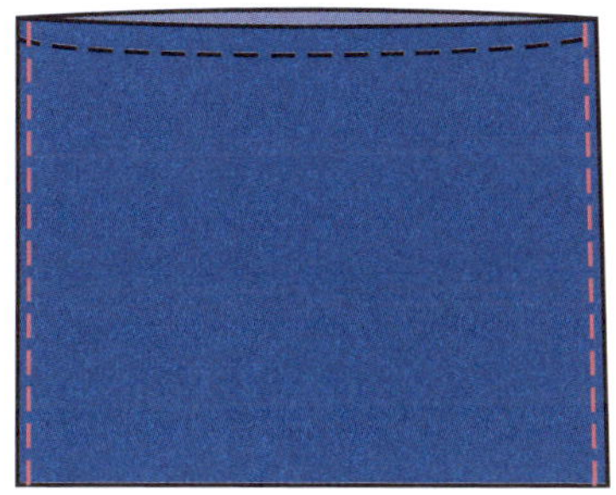

4 Surpiquer les côtés de la poche à 5 mm du bord.

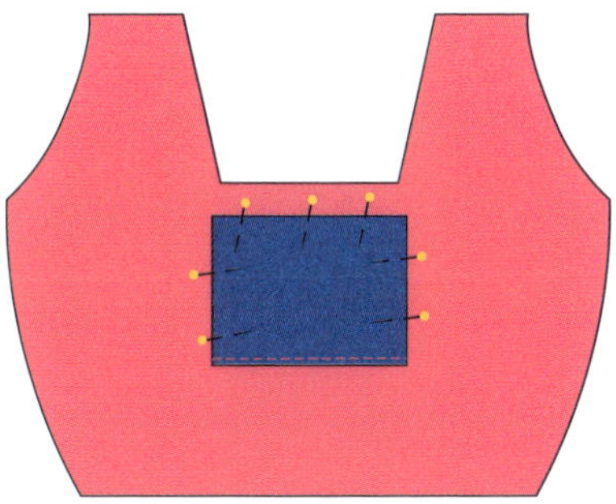

5 Épingler la poche sur l'endroit du devant, en suivant les indications du patron. Piquer tout le bas de la poche à 5 mm du bord.

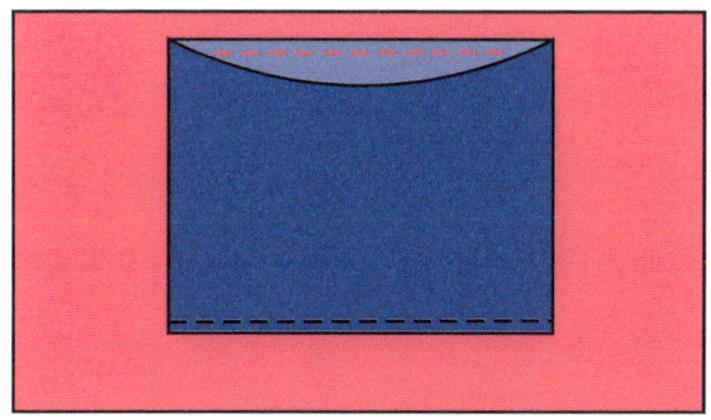

6 Pour fixer le haut de la poche, coudre seulement la face en contact avec le devant : la poche doit garder une ouverture en haut. Commencer et terminer la couture 3 cm avant le début et la fin de la poche, en repassant exactement sur la couture de l'ourlet de l'étape 4.

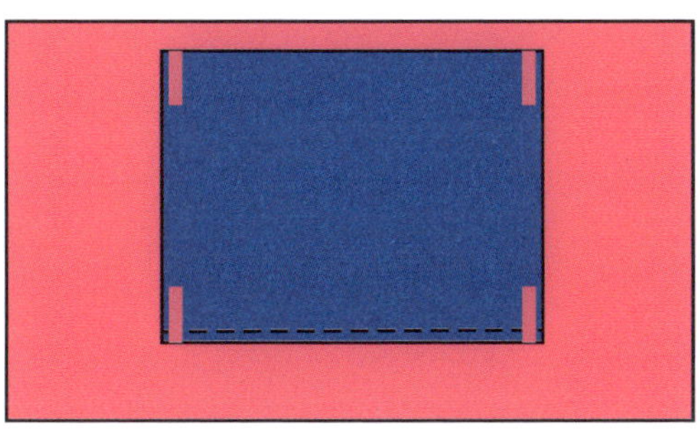

7 À l'aide du point bourdon de votre machine à coudre, faire quatre piqûres de renforcement de 2 cm de long aux quatre coins de la poche. Si votre machine ne propose pas ce point, faire un aller-retour avec un point droit.

8 Plier en deux le rabat de poche, endroit contre endroit, et assembler les deux largeurs. Retourner le rabat, repasser à pleine vapeur pour bien le former. Surpiquer les trois côtés finis à 5 mm du bord, pas le côté dont les bords sont francs.

9 Utiliser une craie ou un stylo effaçable pour tracer précisément les marges de couture au niveau des angles sur le devant et le dos : elles se situent à 1 cm des bords. Procéder ainsi sur l'endroit et sur l'envers de chaque pièce.

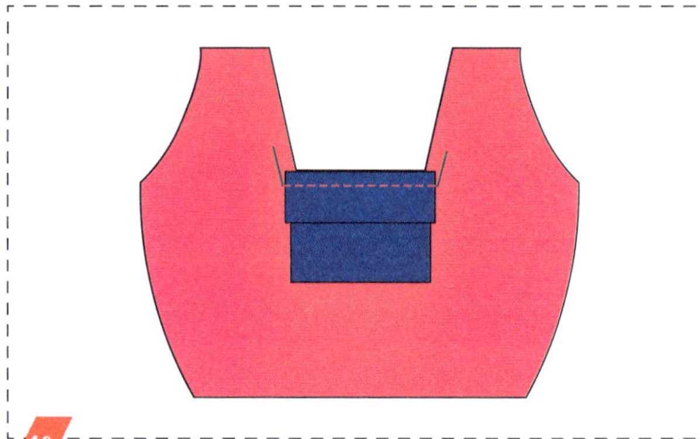

10 Épingler le rabat endroit contre endroit sur le devant du sweat. Piquer à 1 cm. Le bord du rabat arrive exactement 1 mm avant et après l'angle tracé lors de l'étape précédente.

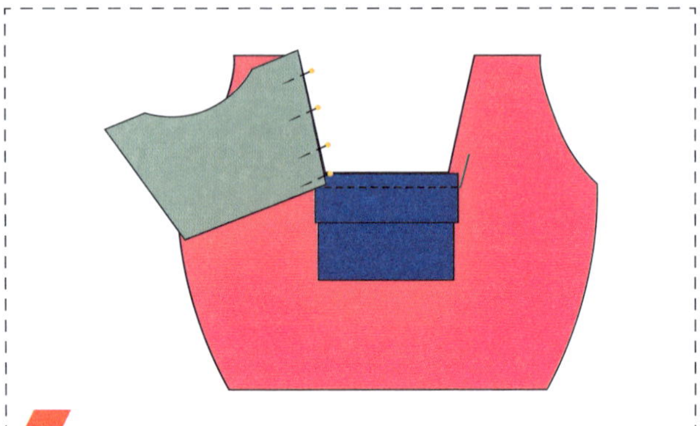

11 Coudre le plastron et le devant, en suivant les indications du cahier technique, p. 123. Faire de même avec le dos et son plastron.

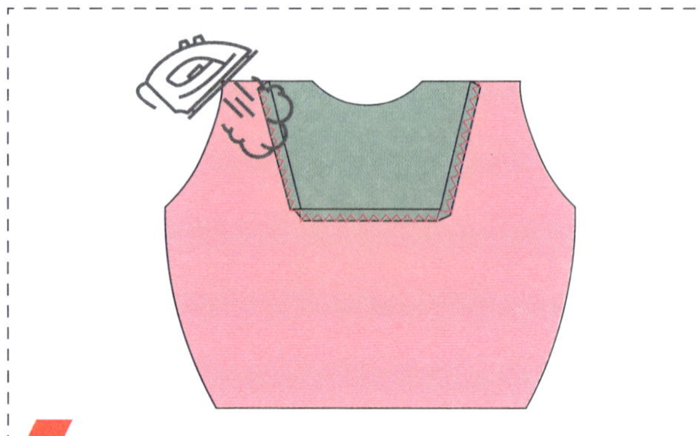

12 Surfiler les marges de couture et les plaquer vers les bas.

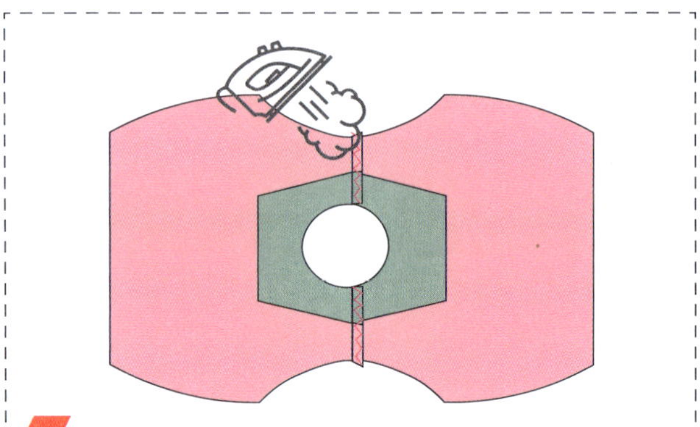

13 Assembler les dos et devant, endroit contre endroit, par les épaules. Repasser les marges de couture vers le dos.

14 Assembler ou coudre les deux morceaux de la capuche, endroit contre endroit, le long de la courbe convexe. Repasser les marges de couture vers un côté (surjeteuse) ou ouvrir les coutures au fer (machine à coudre). Faire de même pour la doublure de la capuche.

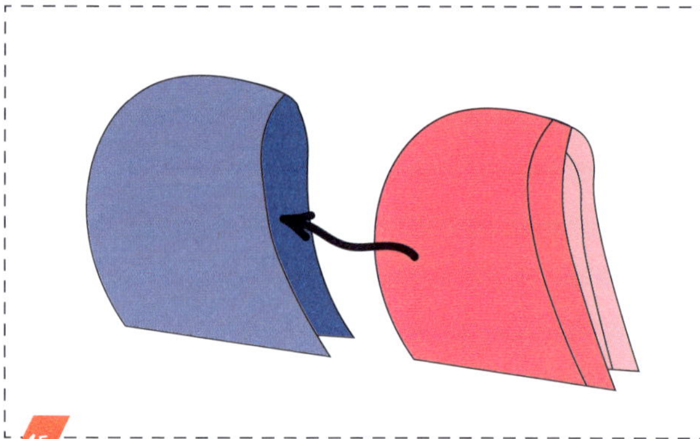

15 Assembler la capuche en doublure et sa coulisse, endroit contre endroit. Plaquer au fer la marge de couture vers la coulisse. Insérer la doublure dans la capuche, endroit contre endroit.

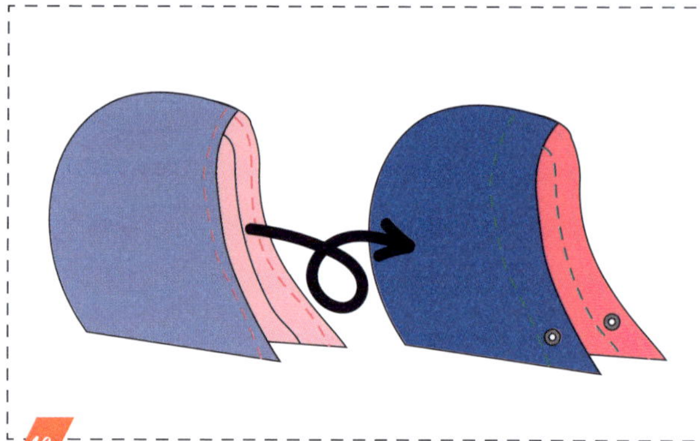

16 Assembler ou coudre la capuche et sa doublure au niveau de la coulisse, endroit contre endroit. Retourner et repasser pour plaquer la coulisse et la doublure contre la capuche, dans leur position finale. Poser les deux œillets sur la capuche en suivant les indications données par le patron (sans œillet, broder une boutonnière). Épingler la coulisse et piquer dans le sillon de la couture de la coulisse.

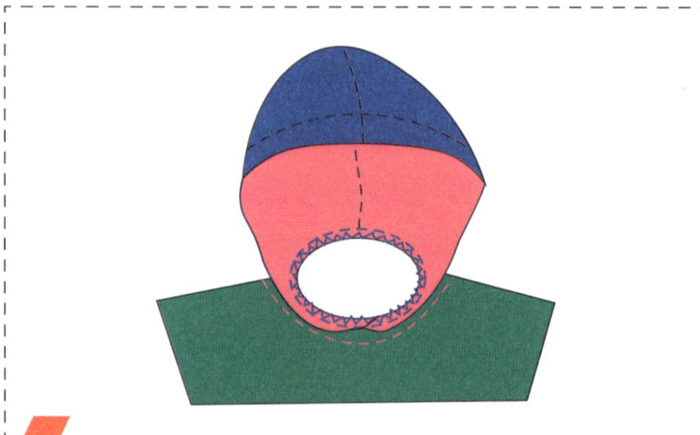

17 Épingler, endroit contre endroit, la capuche à l'encolure en superposant les crans du patron. Les extrémités de la capuche se chevauchent sur le milieu devant pour un effet croisé. Assembler la capuche, la doublure de la capuche et l'encolure en une seule fois, puis repasser les marges de couture vers le bas.

Optionnel : Surpiquer à 4 mm autour de l'encolure avec un point long et sans trop de tension pour maintenir les marges de couture vers le bas.

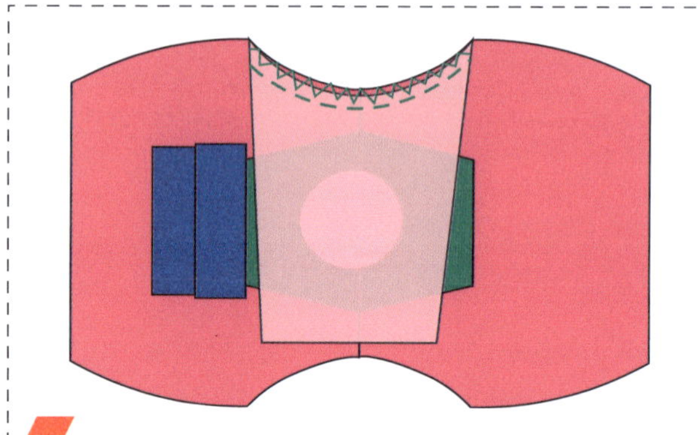

18 Assembler les manches aux emmanchures en respectant les crans : un cran pour le dos, deux crans pour le devant et un cran sur la tête de manche qui se superpose à la couture d'épaule.

19 Assembler, endroit contre endroit, les côtés et les dessous de manches en une seule couture. Repasser les marges de couture vers le dos.

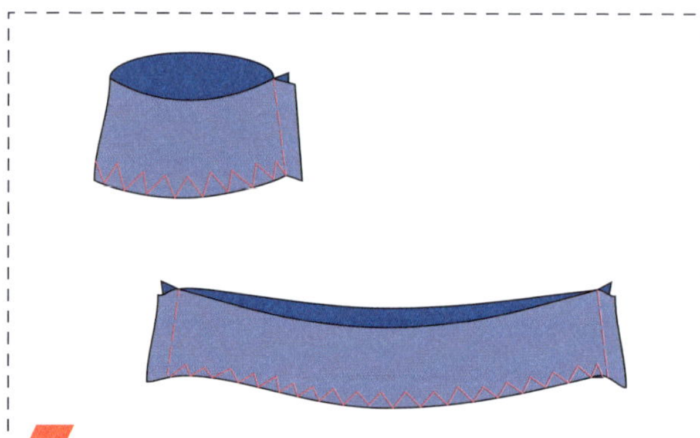

20 Coudre les petits côtés des coulisses de bas de manche endroit contre endroit. Coudre les deux coulisses devant et dos endroit contre endroit. Ouvrir les coutures au fer. Surfiler le bord le plus long.

21 Assembler la coulisse du bas de manche à la manche endroit contre endroit et la coulisse au bas du sweat endroit contre endroit (c'est le côté non surfilé que l'on assemble au bas de la manche ou du sweat).

22 Rabattre chaque coulisse (une pour chaque bas de manche, une pour le bas du sweat) contre l'envers du vêtement. Bien repasser en place, épingler et piquer à ras du surfil de la coulisse en laissant une ouverture de 3 cm pour passer un élastique.

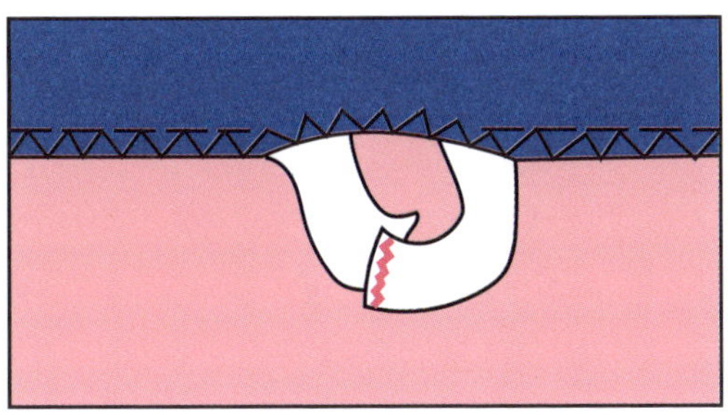

23 À l'aide d'une épingle à nourrice, insérer les élastiques dans les trois coulisses (manches et bas). En suivant les explications du cahier technique, p. 120, fermer l'élastique, fermer l'ouverture en reprenant la couture à la machine, puis répartir les fronces.

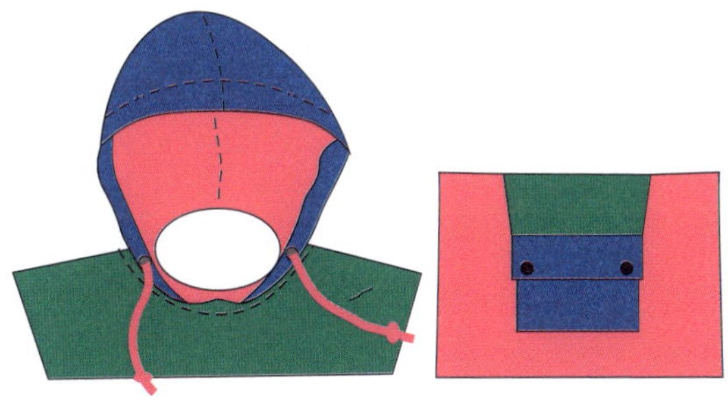

24 Glisser le cordon dans la coulisse de la capuche à l'aide d'une épingle à cheveux plantée dedans (une épingle à nourrice ne rentre pas dans l'œillet). Faire un nœud à chaque extrémité du cordon. Poser les boutons-pression.

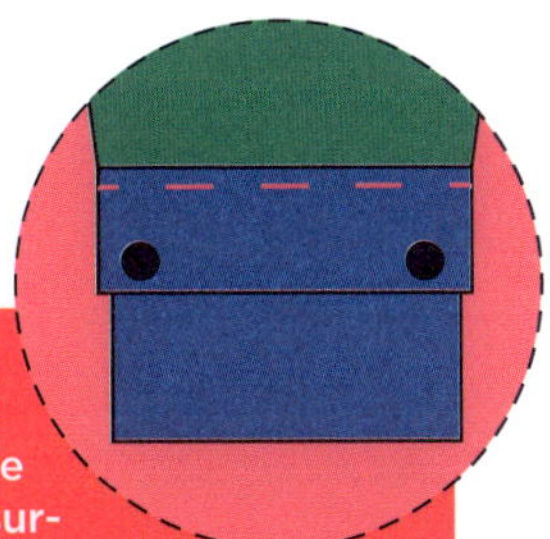

Astuce Si le rabat de poche rebique trop vers le haut après le repassage, il est possible de le surpiquer en haut pour le maintenir en place.

Bonus

- Rallonger le *hoodie* pour en faire une robe.
- Surtailler et raccourcir le *hoodie* pour en faire un *crop top*, en laissant le bas du sweat sans ourlet ni bord-côte.
- Mettre une bande d'encolure à la place de la capuche.
- Enlever les manches et le porter sur un pull fin à manches longues, comme un *tank tee*.

Portez fièrement votre *hoodie* XXY !

Partagez vos créations sur les réseaux sociaux avec #hoodieXXY

LE JOGGING

des stades aux canapés

Connaissez-vous l'âge du jogging ? Le jogging a… 100 ans ! Oui, cela fait un siècle qu'il fait partie de nos vies, et il y est d'ailleurs de plus en plus présent.

Tout a commencé peu après 1920, les athlètes de haut niveau ont alors besoin d'un vêtement confortable et chaud et qui s'enlève rapidement, à porter directement par-dessus leur tenue de sport. C'est le début des fameux survêtements : l'objectif est de garder les muscles chauds après l'entraînement et avant les compétitions. En 1930, Le Coq sportif est la première marque française qui propose aux équipementiers sportifs un ensemble pantalon et sweat en jersey. Les JO de 1936, à Berlin, puis d'autres compétitions internationales permettent de populariser le jogging auprès du grand public. Le public regarde avec admiration ses athlètes préféré·es, en rêvant de porter les mêmes tenues. Tout comme le teddy (voir p. 62), le jogging est fortement associé à une identité, à l'appartenance à une nation, à une élite.

Mais nous en sommes encore aux balbutiements du pantalon en molleton et il ne serait pas socialement acceptable de le porter en dehors des gymnases et des stades. Progressivement, on voit apparaître les « ensembles du dimanche », des survêtements pour tout le monde signés, de nouveau, Le Coq sportif. Les hommes peuvent enfin porter des vêtements confortables le week-end et s'émanciper des costumes étriqués de la semaine. Cette percée reste toutefois assez faible, puisqu'elle est freinée par la Seconde Guerre mondiale.

Dans les années 1960, le jogging connaît un véritable essor : les technologies textiles et les nouvelles fibres permettent d'en produire en masse et à faible coût. Il se diffuse donc dans tous les milieux, y compris pour les personnes qui ne pratiquent pas de sport.

C'est en 1980 qu'il fait une apparition plus que remarquée dans le rap, avec le groupe Run–DMC, en partenariat avec la marque Adidas. Vous les voyez, ces trois rappeurs vêtus du fameux survêtement à trois bandes ? Ce jogging devient alors emblématique de la culture hip-hop, surtout pour les *breakers*, puisque les mouvements des corps ne sont pas entravés par le vêtement. C'est donc devenu un indémodable du streetwear, et il détrône presque le jean !

Adidas frappe encore très fort dans les années 1990 avec son jogging à pressions sur le côté, souvenir de toute une génération. D'ailleurs, il est à nouveau furieusement tendance, 30 ans après. Aujourd'hui, le jogging s'adapte à tous les genres et à toutes les modes, et il apparaît même sur les podiums de la *fashion week*. Et comme vous le savez, le « survêt », vêtement *casual* par excellence, est devenu la star du confinement.

Nous ne pouvions pas faire un livre de couture streetwear sans proposer notre version du jogging : asymétrique et original grâce à sa poche plaquée zippée sur la fesse, il possède également deux poches à l'italienne pour y glisser les mains. Il est aussi légèrement raccourci pour montrer nos jolies chaussettes et n'est ni serré ni trop large. En bref, il convient à toutes les morphologies. Polyvalent, il se porte aussi bien avec des claquettes que des baskets, à plat ou sur des talons. Avec lui, on peut tout oser !
Les joggings photographiés sont cousus en taille 5.

JOGGING XXY

NIVEAU : intermédiaire ✂✂

Tissus conseillés

- Molleton, jersey épais, velours extensible...

Points techniques

- Coudre du jersey
- Faire un ourlet
- Insérer un élastique
- Coudre une poche plaquée zippée
- Coudre des poches italiennes

Pièces du patron

Patron tracé en bleu / planche D.

Pièce	Coupe	Les marges de couture sont incluses
1. Jambe devant	2 × tissu	1 cm tout autour et 3 cm pour l'ourlet
2. Jambe dos	2 × tissu	1 cm tout autour et 3 cm pour l'ourlet
3. Fond de poche devant	2 × tissu	1 cm tout autour
4. Entrée de poche devant	2 × tissu fin	1 cm tout autour
5. Haut de poche dos	1 × tissu	1 cm tout autour
6. Milieu de poche dos	1 × tissu	1 cm tout autour
7. Bas de poche dos	1 × tissu	1 cm tout autour
8. Ceinture	1 × tissu au pli	1 cm tout autour

Matériel

- 210 cm de tissu
- environ 1 m d'élastique de 4 cm de large
- 2 zips non séparables de 18 cm de long

Montage Lorsque le verbe *assembler* est utilisé, sans autre précision, il s'agit d'assembler en une seule étape à la surjeteuse, ou en deux étapes à la machine à coudre, en cousant au point élastique puis en surfilant (voir cahier technique p. 115).

Conseil d'ajustement Si vous faites plus de 1 m 80, ajouter 1 à 3 cm au-dessus de la ligne de taille sur les pièces jambe devant, jambe dos et les deux pièces qui forment la poche devant.

Astuce Si le tissu choisi est épais, couper la pièce entrée de poche devant dans un tissu fin assorti pour éviter les surépaisseurs.

Attention Les pièces Jambe devant et Jambe dos sont tracées en deux parties sur la planche. Après avoir décalqué les deux parties, superposer les lignes avec des lettres pour reformer la pièce entière.

Plan de coupe

Le tissu est plié en deux. Utiliser les chutes pour couper les pièces 5 à 7 dans une seule épaisseur.

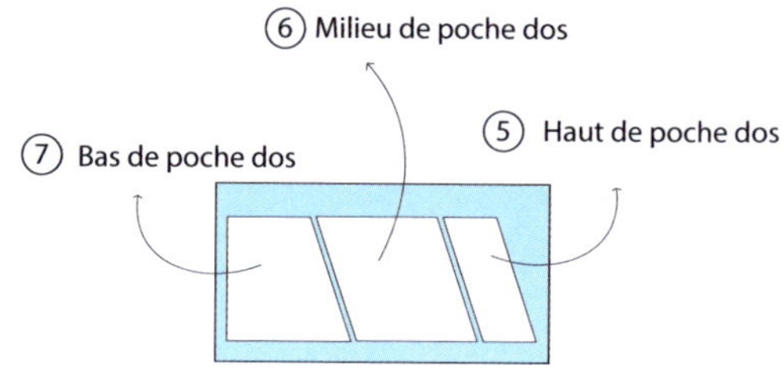

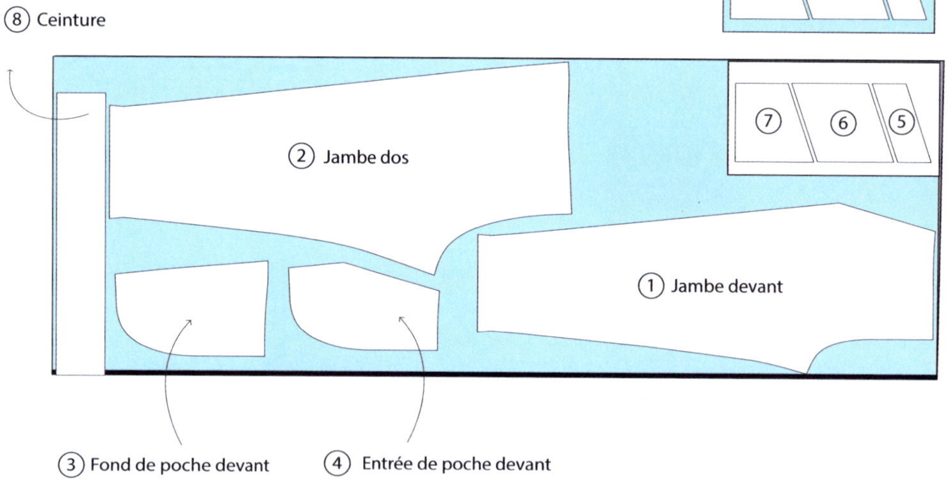

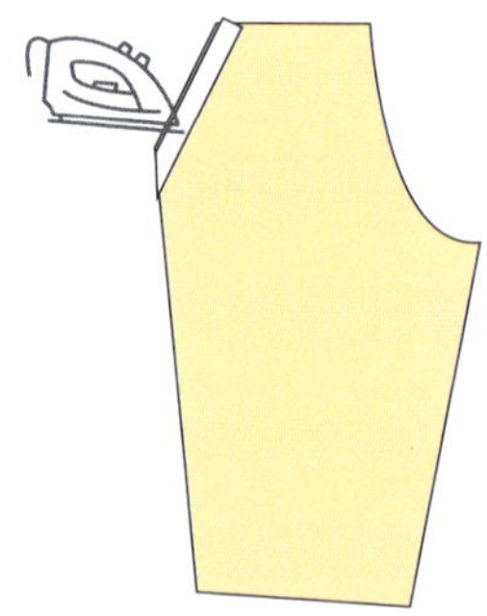

1 Les poches italiennes : pour une meilleure tenue des ouvertures de poches, poser éventuellement une bande de thermocollant de 2 cm de large le long de l'ouverture, sur l'envers du devant.

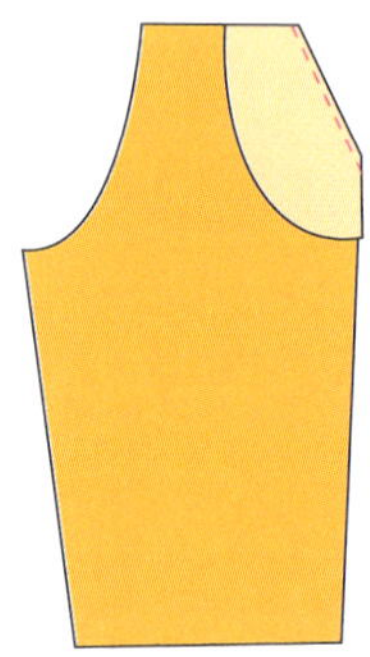

2 Assembler, endroit contre endroit, l'entrée de poche et la jambe devant, le long de l'oblique.

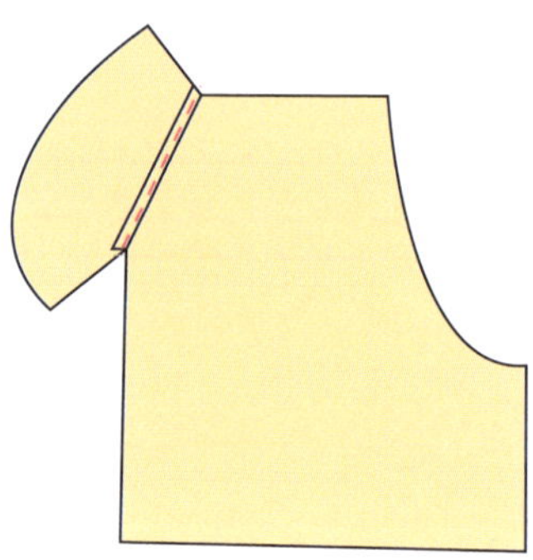

3 Plaquer les marges de couture vers la poche et piquer à la machine à coudre à 2 mm de la couture précédente.

4 Placer l'entrée de poche dans sa position finale et repasser soigneusement, en utilisant une pattemouille si le tissu est fragile. La piqûre précédente maintient l'entrée de poche en place. Elle doit être invisible sur l'endroit du jogging.

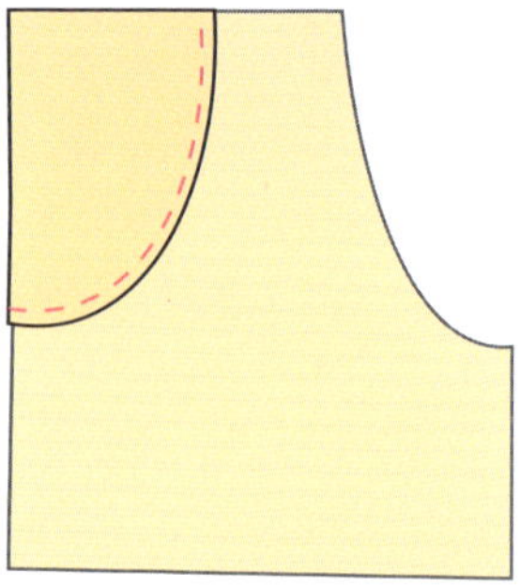

5 Épingler le fond de poche à l'entrée de poche, endroit contre endroit. Assembler le côté arrondi à 1 cm du bord, sans coudre le devant du jogging.

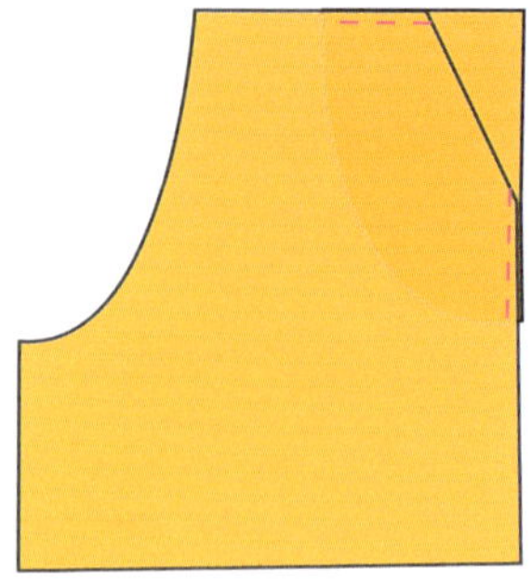

6 Faire une piqûre de maintien en haut de la poche et sur le côté, à 5 mm et en prenant les trois épaisseurs : le fond de poche, l'entrée de poche et le devant.

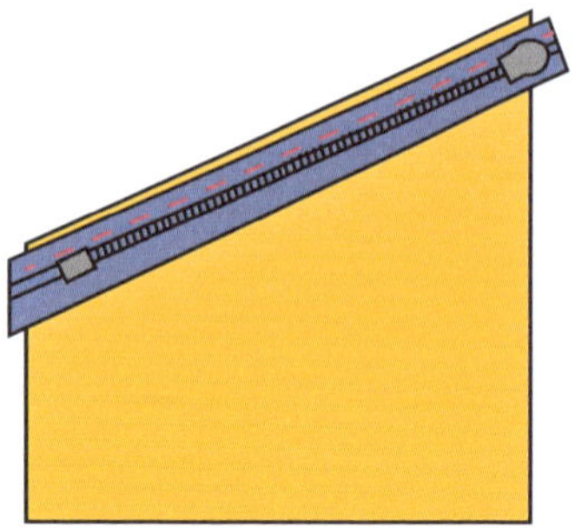

7 Confectionner la poche plaquée zippée : poser, endroit contre endroit, l'un des zips sur le bas de la poche dos, le long du bord coupé en diagonale. La butée du bas du zip commence exactement à 1,2 cm du bord de la poche. Piquer à 1 cm, à la machine à coudre avec un pied spécial zip.

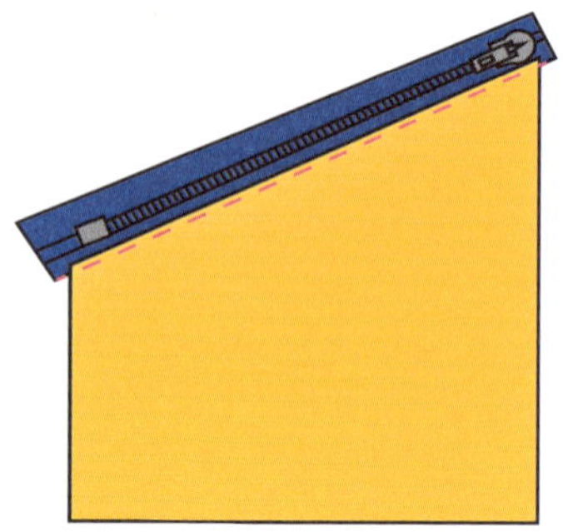

8 Placer le zip dans sa position finale, repasser à pleine vapeur sur l'envers et surpiquer à quelques millimètres du zip.

Astuces

- Lorsque le curseur gêne la couture, garder l'aiguille plantée, lever le pied presseur de la machine, ouvrir le zip pour faire passer le curseur de l'autre côté, rabaisser le pied presseur et continuer la couture.
- Pour ne pas abîmer la semelle du fer avec les dents et les parties métalliques du zip, utiliser une pattemouille.

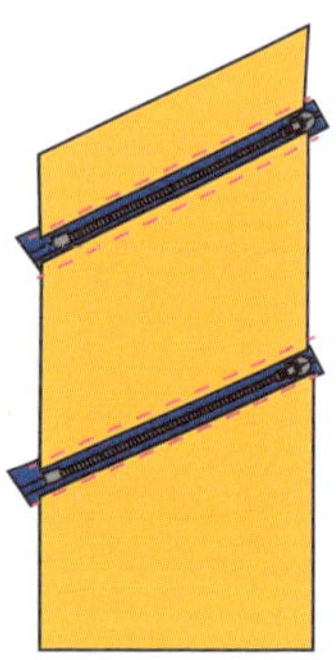

9 Recommencer avec les deux autres pièces qui constituent la poche et le second zip.

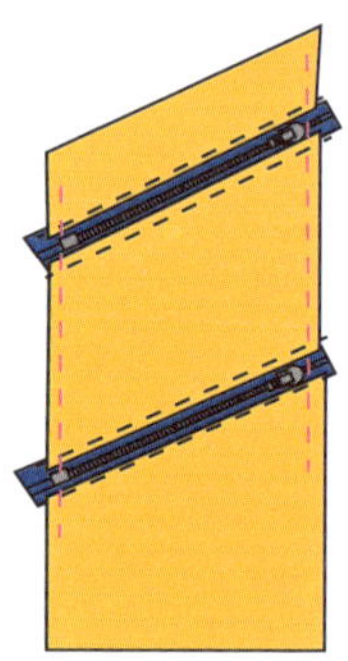

10 Faire une piqûre de maintien à 7 mm du bord, pour maintenir les zips fermés.

11 Marquer au fer un rempli de 1 cm tout autour de la poche, envers contre envers. Le pli arrive à 2 mm des butées des zips.

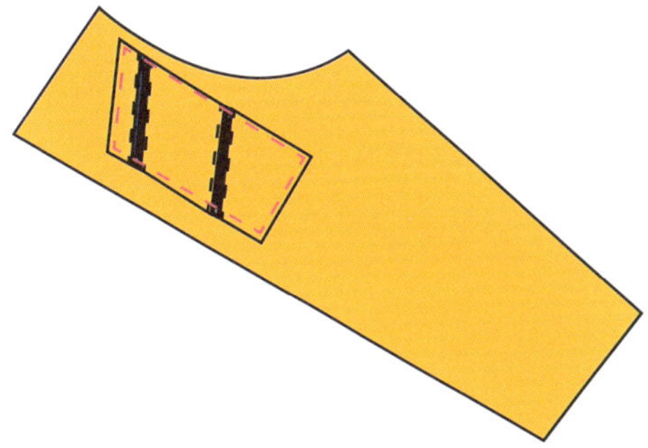

12 Placer la poche sur le dos de la jambe gauche, en suivant les repères indiqués sur le patron. Surpiquer tout autour de la poche, à 1 mm du bord.

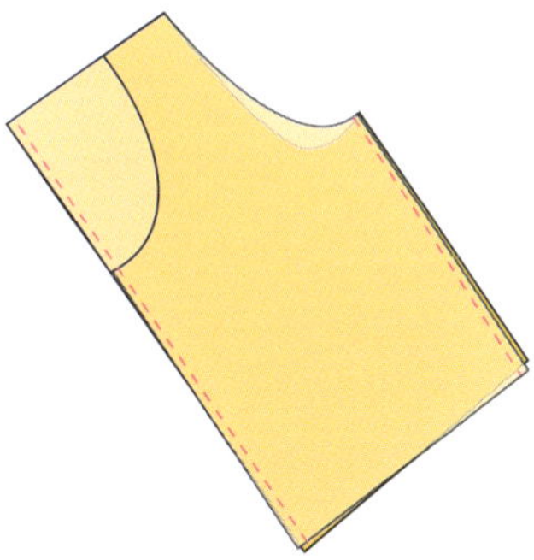

13 Monter le pantalon : assembler une jambe dos et une jambe devant, endroit contre endroit, en piquant les deux côtés. Recommencer pour l'autre jambe. Repasser à pleine vapeur sur l'envers, pour plaquer les marges de couture vers le dos.

14 Mettre une jambe à l'endroit et l'autre à l'envers. Insérer une jambe dans l'autre, de telle sorte que les jambes se retrouvent endroit contre endroit.

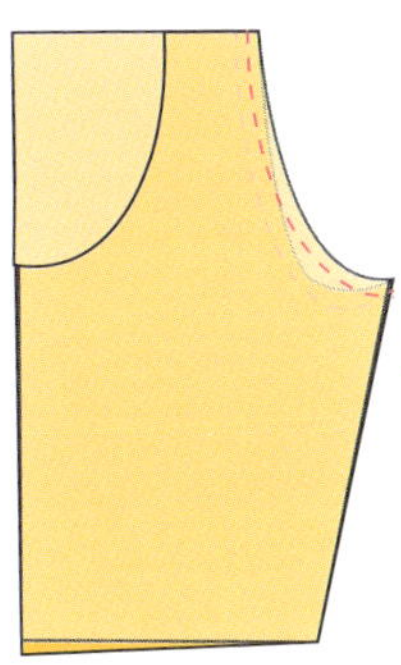

15 Assembler les deux jambes en piquant tout le long de la fourche. Retourner le jogging sur l'envers et repasser à pleine vapeur, pour plaquer les marges de couture vers un côté.

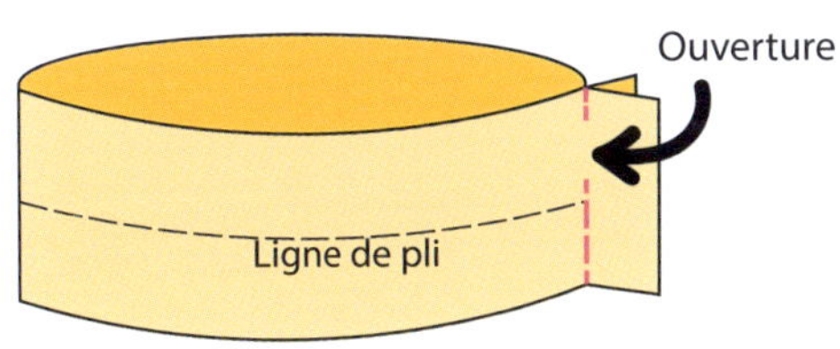

16 Plier la ceinture en deux, endroit contre endroit, et piquer à la machine à coudre le long des petits côtés, en laissant une petite ouverture pour passer l'élastique. Repasser à pleine vapeur pour ouvrir les marges de couture.

17 Plier en deux la ceinture sur toute la longueur, envers contre envers, et marquer le pli au fer.

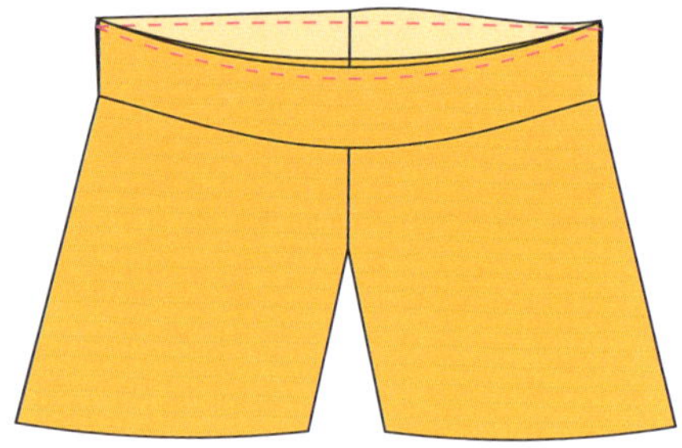

18 Insérer le haut du jogging dans la ceinture, bord franc contre bord franc et endroit contre endroit, en veillant à superposer les crans et les milieux. Épingler. Assembler les trois couches de tissu (le short et la ceinture pliée en deux). Repasser les marges de couture vers le bas.

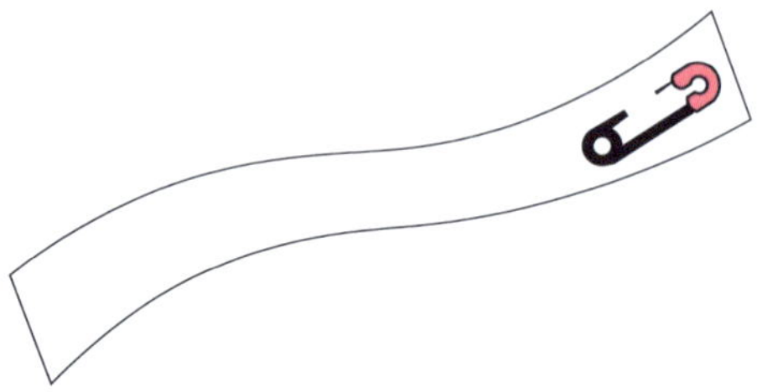

19 Passer l'élastique de 4 cm de large autour de la taille pour mesurer la longueur nécessaire. Il ne doit être ni lâche ni serré. Ajouter 2 cm de marge de couture et couper. À l'aide d'une épingle à nourrice, insérer l'élastique dans la coulisse, puis terminer la ceinture, comme indiqué dans le cahier technique, p. 119.

20 Réaliser les ourlets en bas des jambes : selon le tissu, soit marquer au fer un premier rempli de 1 cm, puis un second de 2 cm et coudre à 1 mm du pli, soit surfiler le bord et faire un rempli de 3 cm (voir cahier technique, p. 117).

Bonus

• Jouer sur le bicolore : une jambe de chaque couleur.
• Ajouter des poches : devant, dans le dos, sur les côtés !
• Mettre des bandes sur les côtés pour rappeler une célèbre marque.
• Créer une poche dos tricolore en piochant dans ses chutes de tissus.
• Finir le bas du jogging avec un élastique pris dans une coulisse (voir p. 119).
• Surpiquer l'élastique de la ceinture pour un effet smocké, comme expliqué p. 121.

Portez fièrement votre jogging XXY !

Partagez vos créations sur les réseaux sociaux avec #joggingXXY

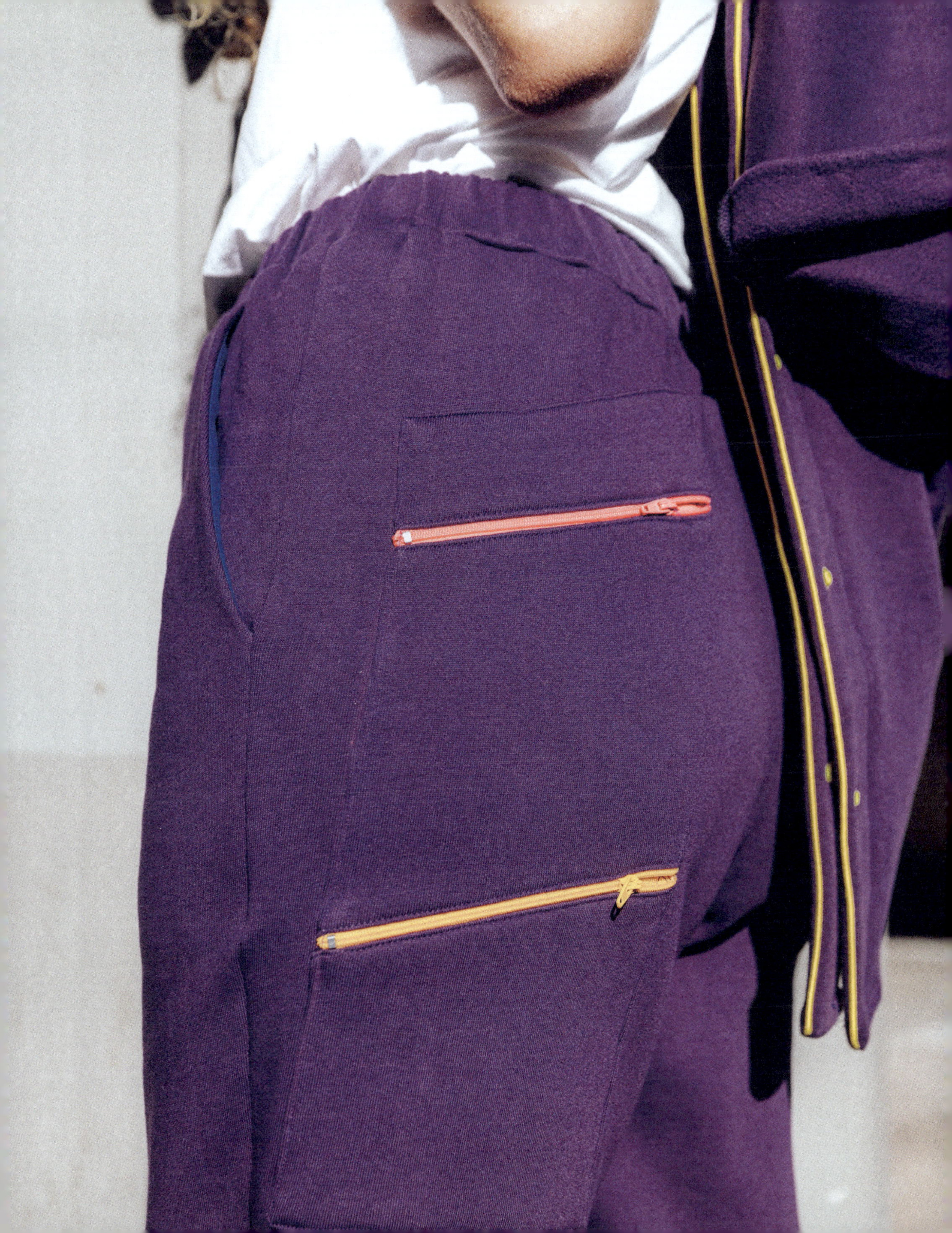

LE TEDDY

des universités à la rue

Connaissez-vous la *letter jacket* ? On l'appelle aussi « *varsity jacket* ». Cela ne vous dit rien ? Mais si, vous connaissez ! Dans les séries américaines, c'est la veste du capitaine de l'équipe de football américain, toujours très populaire et entouré de pom-pom girls. Plongeons-nous donc dans l'histoire de ce vêtement mythique.

Depuis des décennies, les tenues de sport américaines sont ornées de logos et des lettres des équipes, des villes ou des universités, mais c'est en 1865 que les premières lettres apparaissent : de grands *H* sont cousus sur les chemises des joueurs de l'équipe de base-ball de l'université Harvard. La concurrence étant rude entre les établissements, les autres universités américaines reprennent l'idée. Puis, progressivement, au début des années 1930, les lettres et logos se répandent également sur les vestes que l'on offre aux étudiants ayant les meilleures performances sur le terrain : la *letter jacket* (qui signifie veste avec des lettres) est née. C'est un peu comme une médaille version vêtement.

Cette veste, que l'on appelle teddy en France, est très reconnaissable : le corps est en laine bouillie, les manches sont en cuir ou en similicuir, les poignets et le col sont terminés par du bord-côte rayé. Le teddy se ferme à l'aide de solides pressions, et surtout, il est orné de jolies lettres travaillées en coton velours ou feutrine, qui permettent de revendiquer son appartenance à une catégorie sportive ou étudiante, mais surtout à une élite.

C'est donc initialement un vêtement pour hommes, et même pour les étudiants « bien sous tous rapports », WASP de préférence (c'est-à-dire protestants blancs anglo-saxons). Eh oui, au début, c'était surtout la veste du garçon sage : rappelez-vous Danny dans *Grease* qui l'enfile à la place de son blouson en cuir de voyou, pour devenir fréquentable et séduire à nouveau Sandy.

C'est donc un marqueur social dans les années 1960. Mais au fil du temps, le teddy est aussi devenu la veste des caïds des gangs. On la voit même dans les clips pop ou hip-hop et, dès les années 1980, tout le monde la porte ! Les grands noms de la couture en ont évidemment fait une version, comme Louis Vuitton qui y affiche en grand ses initiales mythiques.

Aujourd'hui encore, cette veste est très prisée des sportifs et des sportives, mais aussi des fashionistas, qui en agrémentent n'importe quelle tenue, de la robe de soirée au pantalon à pinces, en passant par le short et les fameuses claquettes-chaussettes.

Voilà donc l'histoire de cette veste, qui a d'abord promu les universités, puis leurs équipes, et enfin des marques. Il ne nous en fallait pas plus pour en proposer notre interprétation : teddy lorsqu'il est en lainage, à tendance veste de jogging lorsqu'il est en molleton, à vous de choisir votre matière et votre style ! Large, cette veste est évidemment non genrée et peut être portée par tout le monde. Les codes principaux du teddy sont repris : le bord-côte, les boutons-pression, les appliqués. Ce blouson est l'occasion de porter fièrement vos idéaux en réalisant de jolis appliqués grâce au tuto du cahier technique, p. 125-127.
Les teddys photographiés sont cousus en taille 4 ; une fois en lainage, une fois en molleton.

TEDDY XXY

NIVEAU : intermédiaire ✂✂

Tissus conseillés

Tous les tissus tricotés épais avec un peu de tenue lui vont (sweat, molleton tout doux...). Mais il est aussi possible d'utiliser du tissu chaîne et trame (coton, wax, popeline, sergé, lainage...). Vous pouvez par ailleurs y associer des manches en similicuir. Son volume lui permet toutes les folies !

Matériel

- 230 cm de tissu
- 40 cm de tissu fin pour les fonds de poche dessus
- 70 cm × 35 cm de thermocollant
- 7 boutons-pression
- 25 cm × 90 cm de bord-côte

Points techniques

- Thermocoller
- Coudre du jersey
- Poser des boutons-pression
- Monter un col en bord-côte

Pièces du patron

Patron tracé en rose / planche C.

Pièce	Coupe	Les marges de couture sont incluses
1. Devant	2 × tissu	1 cm tout autour
2. Dos	1 × tissu au pli	1 cm tout autour
3. Manche	2 × tissu	1 cm tout autour
4. Col	1 × bord-côte	1 cm tout autour
5. Poignet	2 × bord-côte	1 cm tout autour
6. Passepoil de poche	2 × tissu 2 × thermocollant	1 cm tout autour
7. Fond de poche dessus	2 × tissu fin	1 cm tout autour
8. Fond de poche dessous	2 × tissu	1 cm tout autour
9. Empiècement bas du milieu devant	2 × tissu 2 × thermocollant	1 cm tout autour
10. Bande de taille	1 × bord-côte au pli	1 cm tout autour

Attention Les patrons du col, des poignets et de la bande de taille sont conçus pour du bord-côte vendu au mètre, qui sera plié en deux. Ils varient si vous achetez du bord-côte en bande (c'est souvent le cas des bords-côtes à rayures). Dans ce cas, il faut couper en deux vos pièces de patron, dans la longueur, car ce dernier bord-côte ne sera pas plié en deux, mais laissé tel quel.

Montage Si le tissu choisi est du molleton, lorsque le verbe *assembler* est utilisé sans autre précision, il s'agit d'assembler en une seule étape à la surjeteuse ou en deux étapes à la machine à coudre, en cousant au point élastique, puis en surfilant (voir cahier technique, p. 115). Si le teddy est cousu en lainage ou tout autre tissu chaîne et trame, assembler en deux étapes.

XXY

Plan de coupe

Le tissu principal est plié en deux. Le tissu fin est plié partiellement en deux. Pour le bord-côte, couper d'abord la bande de taille en pliant le tissu partiellement en deux puis le plier en portefeuille en laissant un grand espace au centre du col.

Tissu principal:

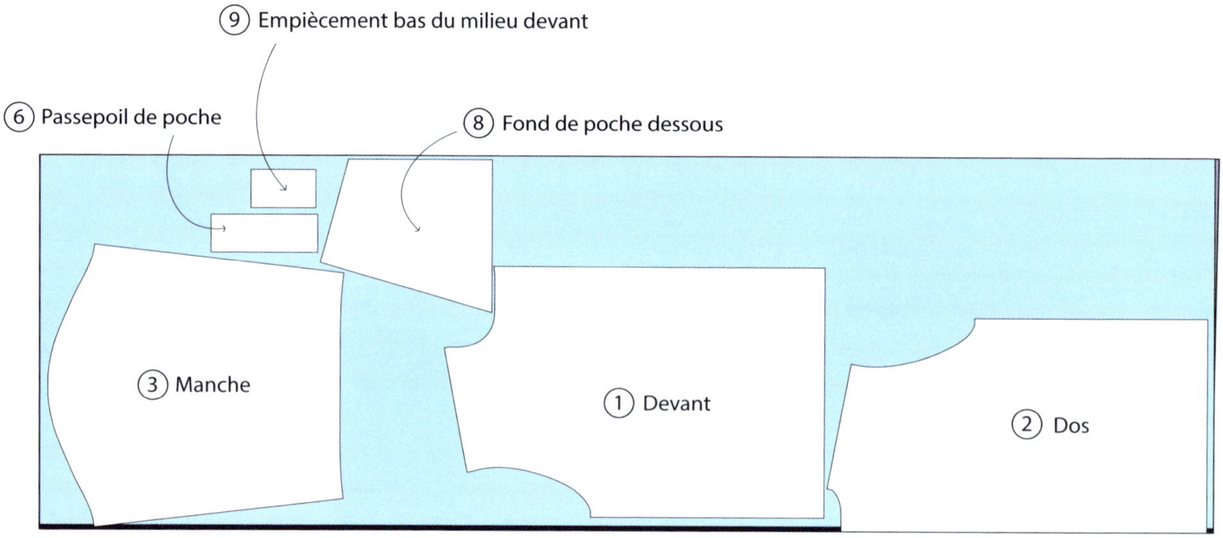

Tissu fin:

Bord-côte:

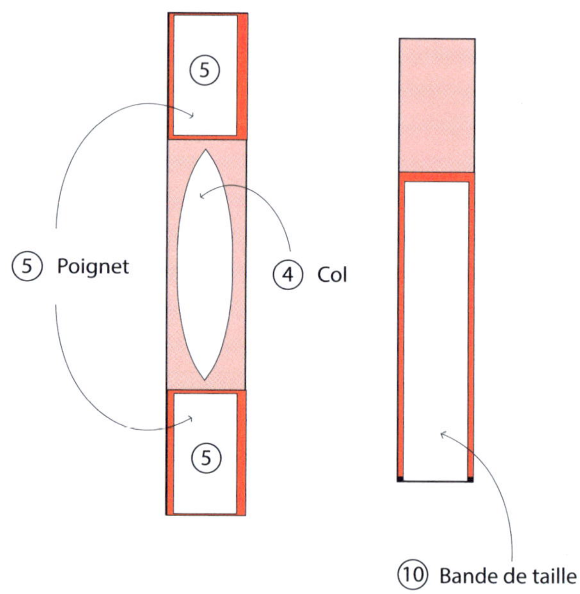

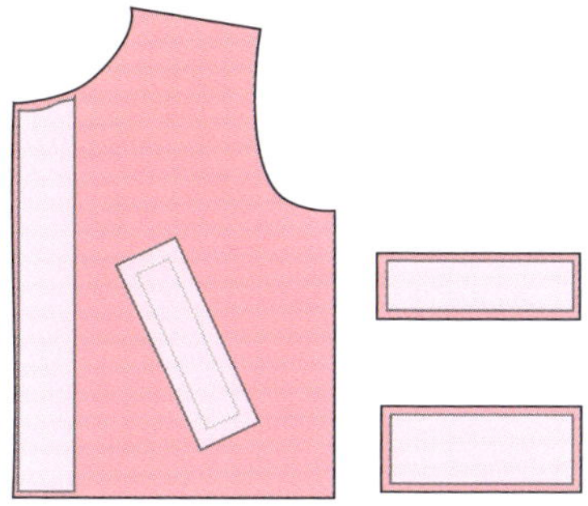

1 Sur l'envers, thermocoller l'emplacement des poches des devants, en dépassant de 1 cm tout autour ; les deux empiècements bas du milieu devant ; la patte de boutonnage devant sur une largeur de 10 cm (jusqu'au cran) ; les deux passepoils de poche.

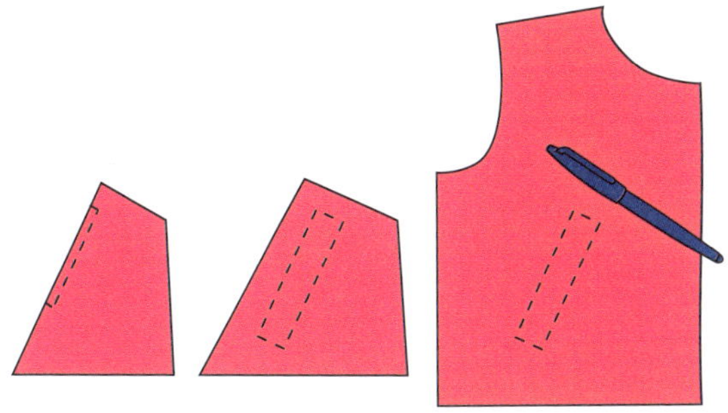

2 Sur l'endroit des pièces, tracer précisément : l'emplacement de la poche sur le devant, en suivant le patron ; la marge de couture sur le fond de poche dessus (entre les deux crans) ; l'emplacement du passepoil sur le fond de poche dessous, en suivant les repères du patron.

3 Plier en deux le passepoil, envers contre envers, et marquer le pli au fer. Sur l'endroit du passepoil, tracer méticuleusement la marge de couture (côtés bords francs).

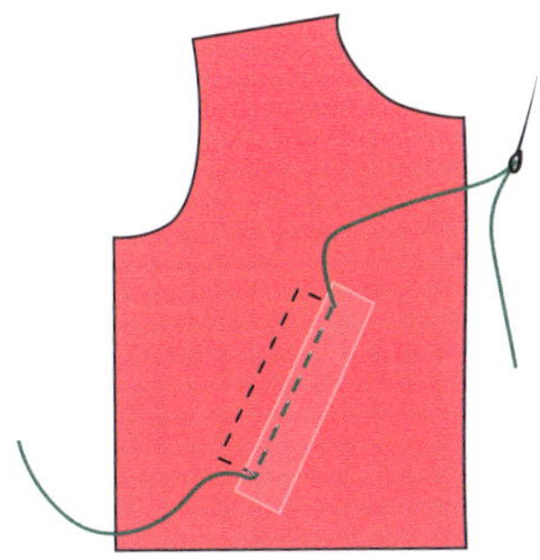

4 Bâtir minutieusement le passepoil sur le repère de poche. La ligne tracée sur le passepoil à l'étape précédente se retrouve sur la ligne tracée sur le devant la plus proche du milieu devant.

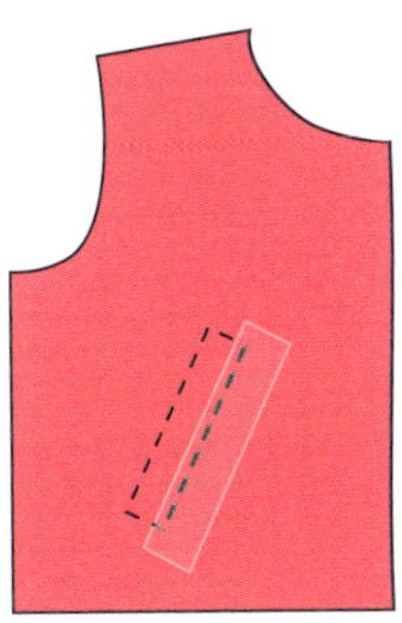

5 Piquer sur la longueur, en terminant et en commençant la couture exactement sur le tracé. Ôter les fils de bâti.

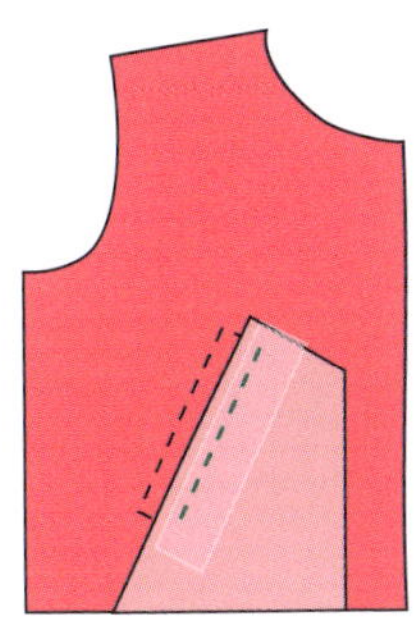

6 Poser le dessus de poche par-dessus, endroit contre endroit. La ligne précédemment tracée se retrouve exactement sur la couture que vous venez de faire. Épingler et repiquer exactement par-dessus la précédente couture, en se mettant sur l'envers du devant pour que cette dernière soit bien visible.

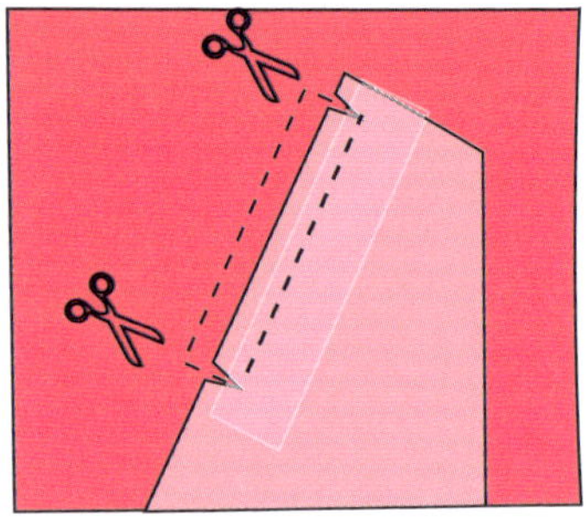

7 Cranter le dessus de poche dans la marge de couture, au niveau des crans et jusqu'à la couture.

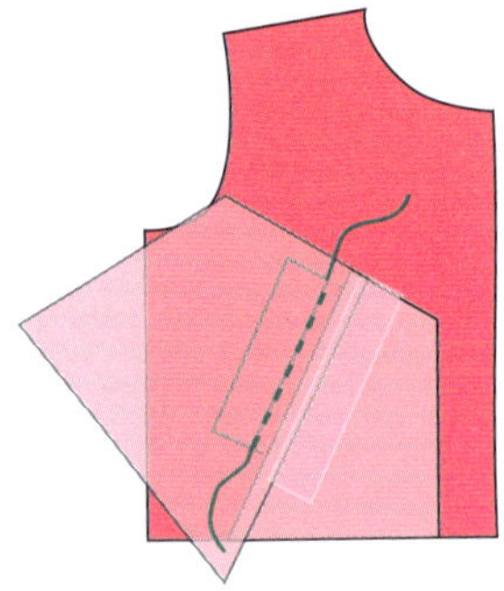

8 Poser le dessous de poche par-dessus, envers face à vous, en superposant la ligne du bas du rectangle de repère de poche du dessous de poche sur celle du haut du devant (tracées à l'étape 2). Les rectangles sont décalés et ne partagent qu'un seul côté. Bâtir très précisément pour maintenir en place.

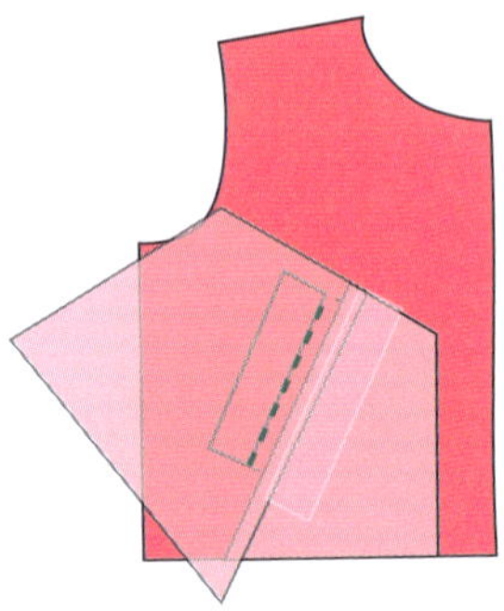

9 Piquer précisément le long de la ligne. Ôter les fils de bâti.

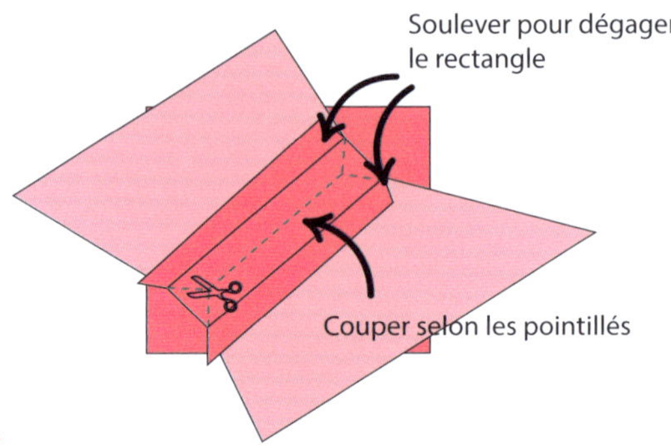

10 Ouvrir la poche : écarter les marges de coutures qui recouvrent le rectangle de repère de poche sur le devant, couper le devant sur la ligne médiane du rectangle, en commençant et en terminant à 1 cm des extrémités. Au niveau des extrémités, couper en triangle, en rejoignant exactement le début et la fin des coutures précédentes afin de former les capucins (petits triangles sur les largeurs du rectangle).

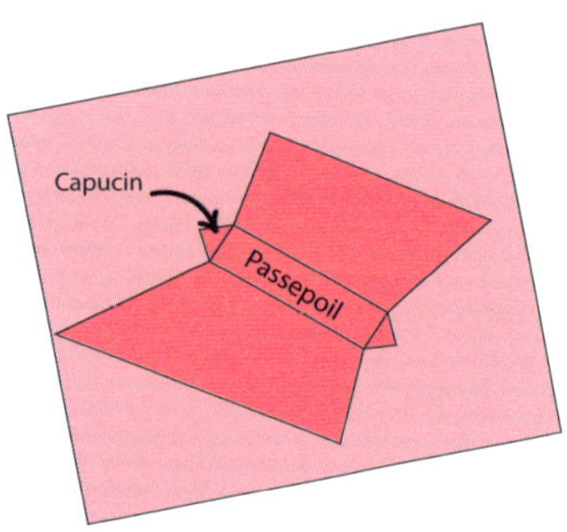

11 Passer le passepoil et les fonds de poches dans le trou ainsi découpé et repasser soigneusement afin de former l'entrée de poche. Sur l'endroit, elle est parfaitement rectangulaire. Sur l'envers, les capucins sont alors aplatis vers l'extérieur.

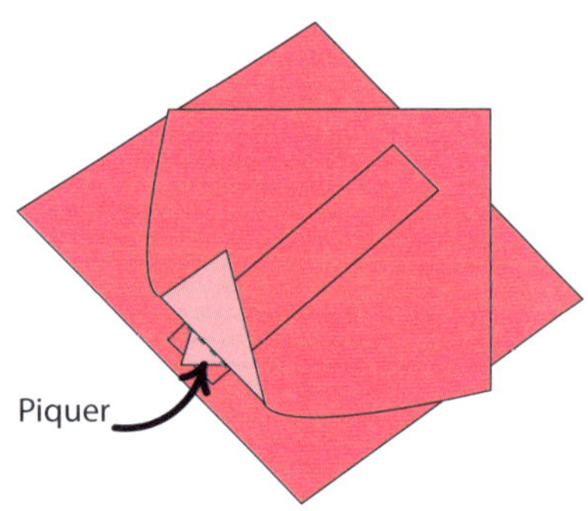

12 Poser à plat le devant, endroit face à vous. Soulever le devant pour faire apparaître les capucins, le dessous de poche et le passepoil, et les attraper ensemble. Coudre les bases des capucins au ras de l'ouverture de la poche pour la bloquer.

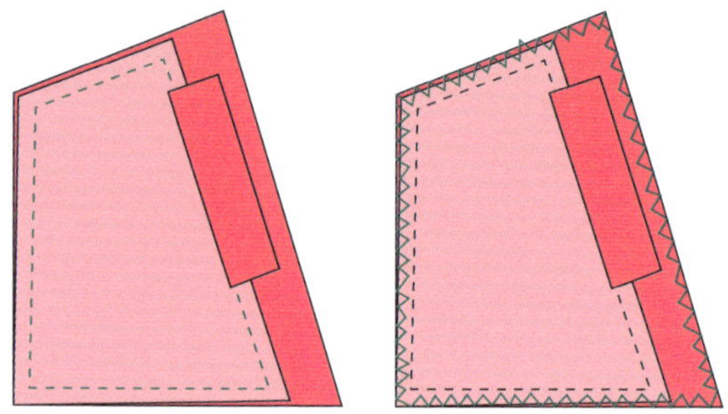

13 Superposer les deux fonds de poches dans leur position définitive et coudre tout autour afin de fermer la poche, dessus de poche face à vous. Le dessous de poche dépasse d'un côté, c'est normal. Il faut alors coudre le long de ce côté, à 1 cm du dessus de poche. Surfiler le contour de la poche.

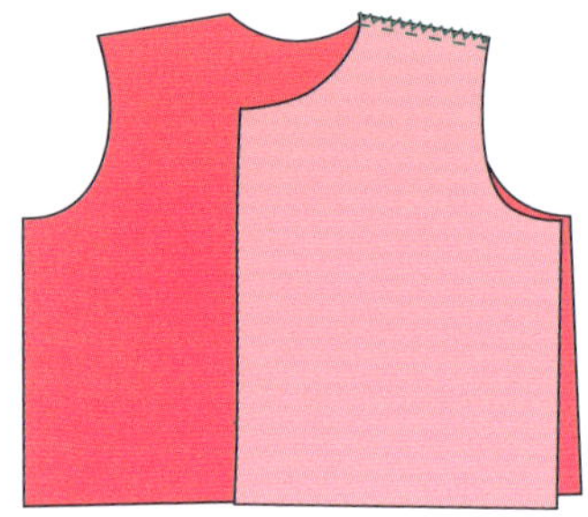

14 Assembler, endroit contre endroit, les épaules des devants et du dos.

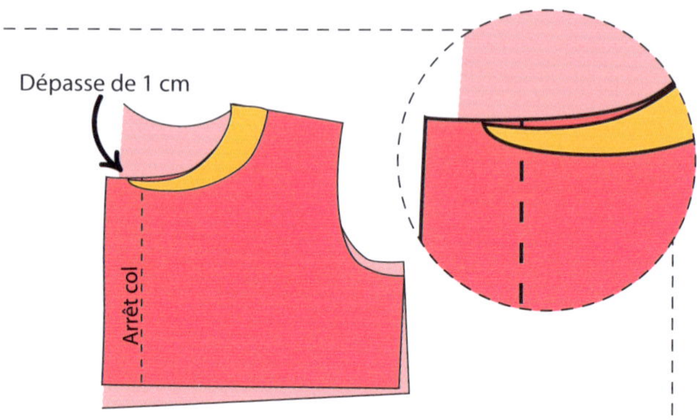

15 Plier en deux le col dans sa longueur, envers contre envers, et marquer le pli au fer. Poser le col sur l'encolure, endroit contre endroit et bord franc contre bord franc. Épingler en superposant les crans du milieu dos et ceux pour les coutures d'épaules. Un cran nommé « arrêt col » indique l'endroit où se termine le col, les pointes du col dépassent ce dernier cran de 1 cm.

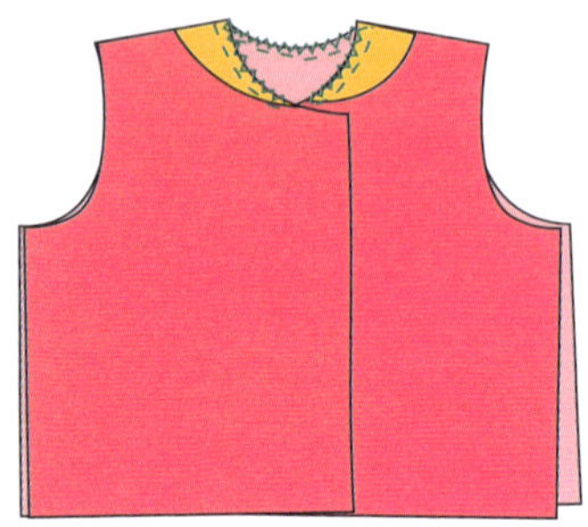

16 Assembler le tout.

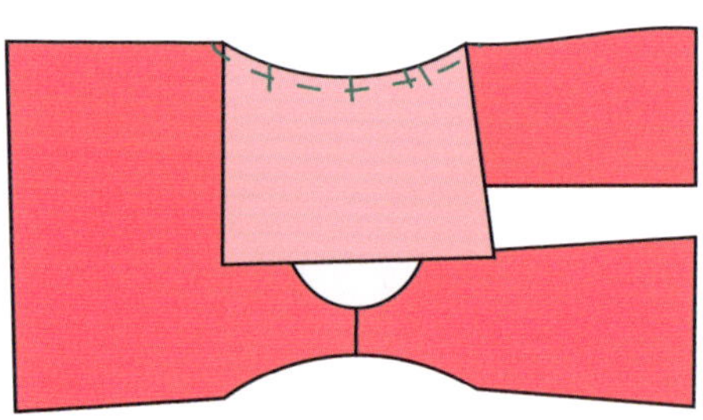

17 Assembler, endroit contre endroit, les manches et le buste en faisant coïncider les crans. Repasser les marges de couture vers la manche.

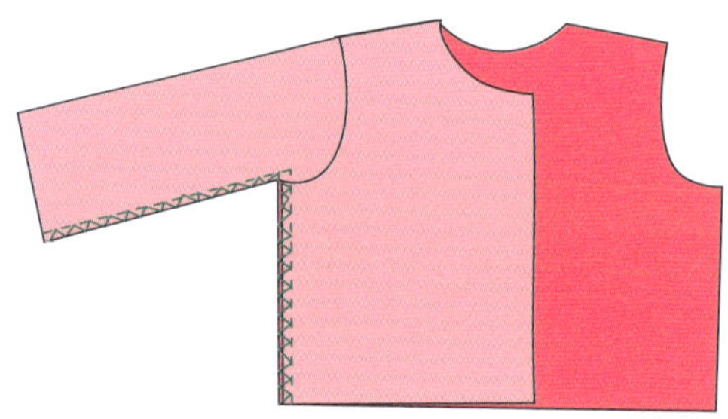

18 Assembler, endroit contre endroit, les côtés et les dessous de manches en une seule couture.

X

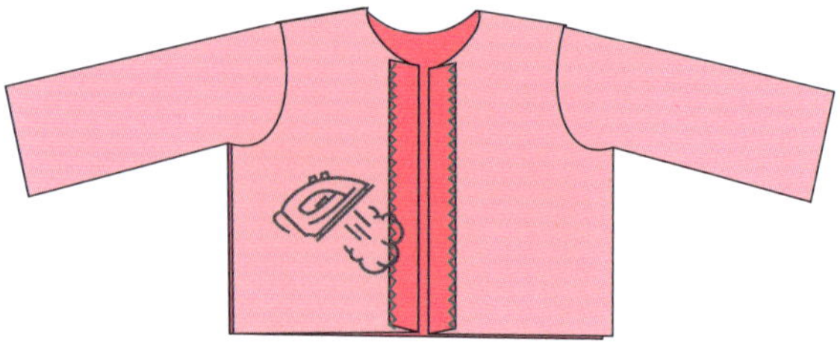

19 Surfiler les milieux devant. Marquer au fer un rempli de 5 cm sur l'envers (en suivant l'indication du patron « ligne de pli »).

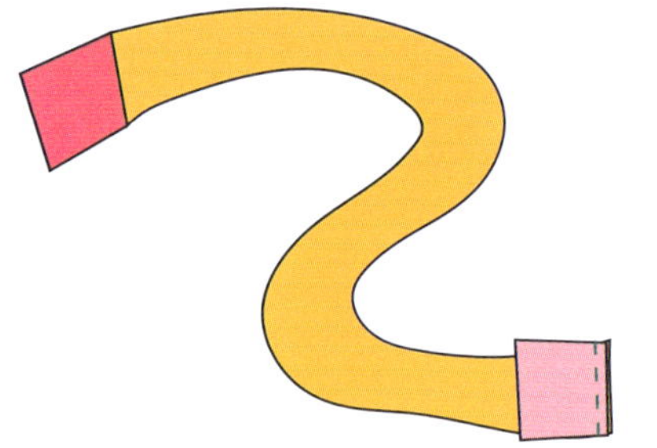

20 Assembler les deux empiècements bas du milieu devant et la bande de taille. Ouvrir au fer les marges de couture.

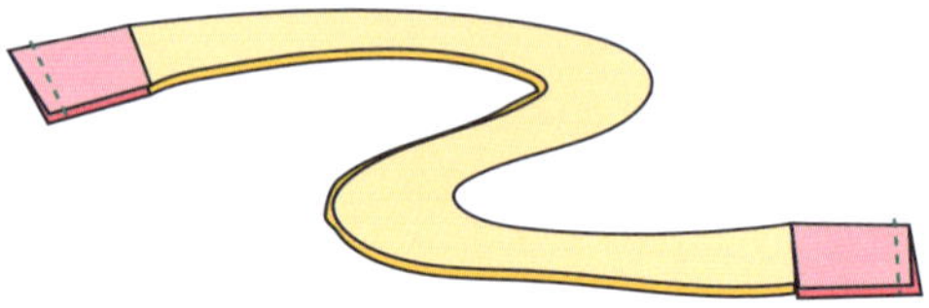

21 Plier la bande dans sa longueur, endroit contre endroit. Fermer la bande le long des petits côtés. Retourner et repasser pour bien former les angles.

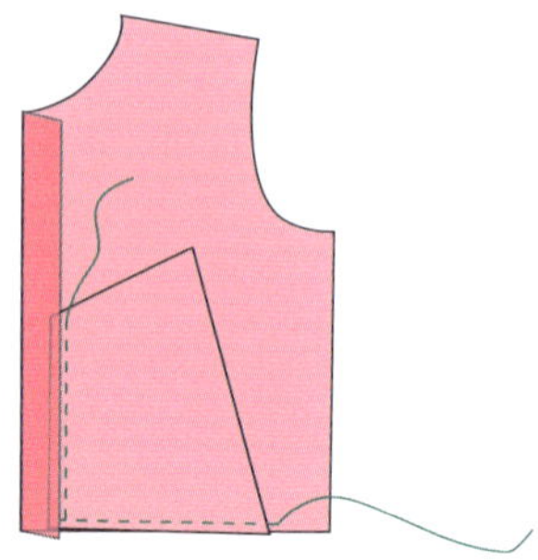

22 Poser le devant bien à plat, envers face à vous. Positionner soigneusement la poche, elle est insérée dans le rempli formé à l'étape 20 et arrive au ras du bas de la veste : les crans de bas de poche et de bas de veste se superposent. Bâtir la poche en place sans bâtir la patte de boutonnage.

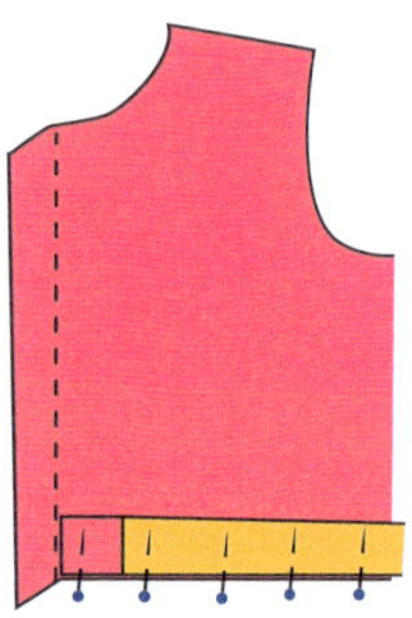

23 Épingler la veste et la bande de taille pliée en deux, endroit contre endroit et bord franc contre bord franc. La fin de la bande de taille arrive au niveau du cran du pli formé à l'étape 20. Superposer tous les crans le long de la bande. Assembler le tout. Le bas de la poche est pris dans cette couture. Ôter les fils de bâti de la poche.

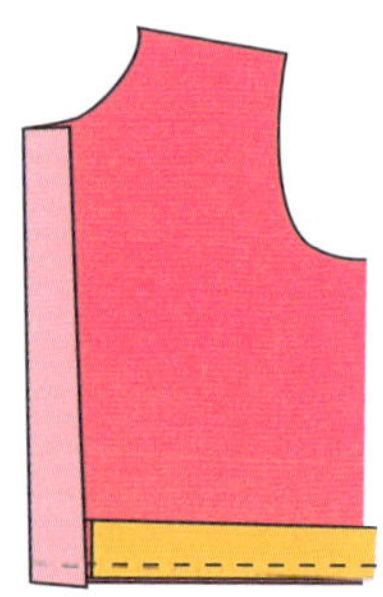

24 Déplier le rempli du milieu devant et le replier, cette fois endroit contre endroit. La bande de taille est prise en sandwich dans la patte. Piquer le bas de la patte à 1 cm du bord.

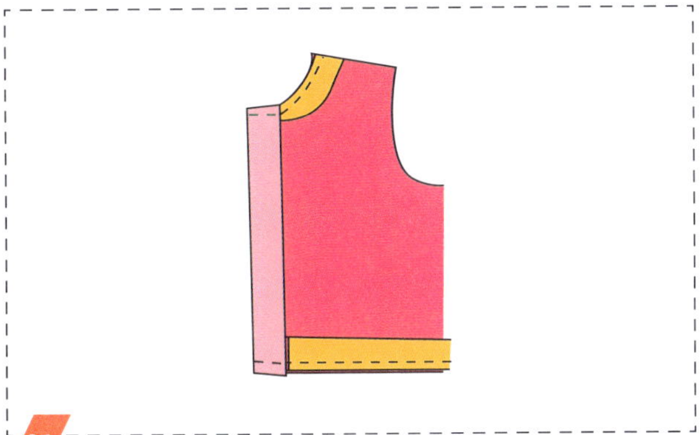

25 Faire de même en haut. Avec le rempli endroit contre endroit, la fin du col est prise en sandwich dans la future patte de boutonnage. Piquer à 1 cm du bord.

26 Replacer la patte dans sa position finale, le rempli est donc envers contre envers. Repasser et former soigneusement les angles. Plaquer les marges de couture de la bande de taille vers le haut. Surpiquer la patte de boutonnage à 4 cm du pli pour la maintenir en place. S'assurer que la poche se retrouve bien prise en sandwich.

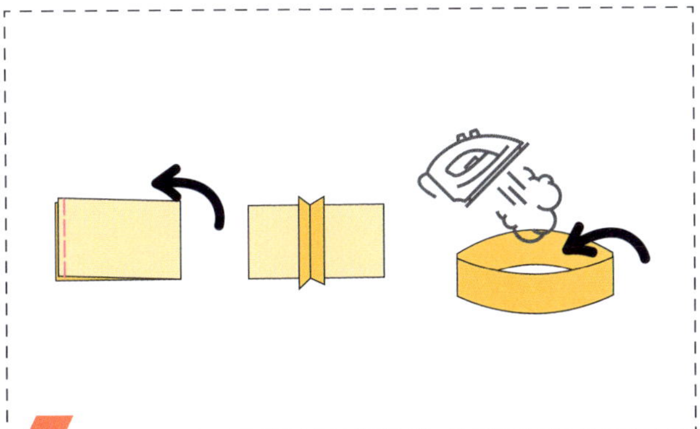

27 Coudre les petits côtés des poignets pour les fermer. Ouvrir la couture au fer. Plier en deux les poignets dans la longueur, envers contre envers, et marquer le pli au fer.

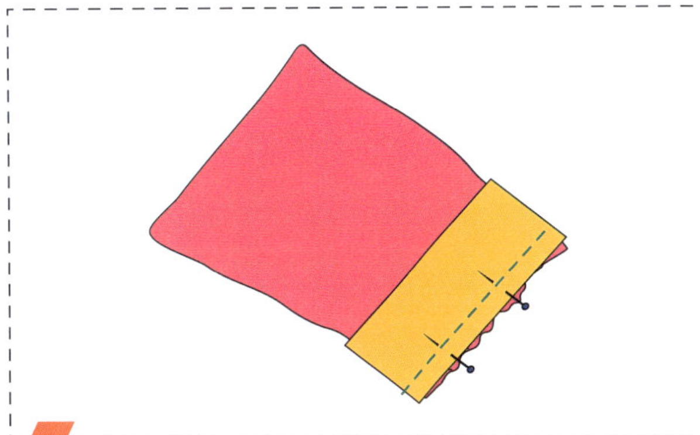

28 Insérer, endroit contre endroit et bord franc contre bord franc, la manche dans le poignet. Les crans et les coutures de la manche et du poignet se superposent. Le poignet en bord-côte est plus étroit que le poignet de la manche, c'est normal. Il faut donc assembler en étirant le poignet en bord-côte.

29 Coudre les boutons et boutonnières, ou poser les pressions, le long du repère « milieu devant ». Ajouter des lettres et/ou des logos en suivant les instructions du cahier technique, p. 125-127.

Bonus

- Ajouter du passepoil coloré dans les coutures des emmanchures et/ou du col pour les souligner.
- Reprendre les codes de la letter jacket en utilisant du lainage pour le corps et du similicuir pour les manches.
- Comme pour la chemise de base-ball, oser les tissus à motifs ou flashy ou encore le wax, pour l'éloigner de son look sportif.
- Pour des finitions au top, ajouter une parmenture au col ou une doublure complète !

Portez fièrement votre teddy XXY !

Partagez vos créations sur les réseaux sociaux avec #teddyXXY

LA SALOPETTE

quand le workwear devient à la mode

La salopette revient en force depuis quelque temps, mais était-elle vraiment partie un jour ? On ne pouvait donc pas passer à côté de ce vêtement iconique.

On doit l'invention de la salopette à Louis Lafont, qui a imaginé ce vêtement en 1844 pour son beau-père charpentier. Initialement, c'est un pantalon large mais resserré aux chevilles, pour ne pas gêner les mouvements de l'artisan, avec une large poche au niveau de la ceinture. Adolphe, le petit-fils de Louis, décide d'ajouter devant un plastron maintenu par des bretelles. Il brevette sa salopette dès 1896. À la même époque, Levi Strauss commercialise aux États-Unis ses premiers jeans et salopettes en denim.

La mythique salopette est définitivement validée par tous les travailleurs outillés du monde occidental – Charlie Chaplin la met d'ailleurs au centre des *Temps modernes* (1936) –, puis par les travailleuses qui reprennent les tâches des hommes partis à la guerre pendant la Seconde Guerre mondiale. Dans notre imaginaire, elle représente donc l'industrialisation rapide du XXe siècle.

Son surnom amusant et assez étonnant participe assurément à sa renommée. Initialement appelée « cotte à bretelles », elle prend le surnom de « salopette » parce qu'elle est utilisée pour ne pas « se saloper », c'est-à-dire pour ne pas se salir. Ses multiples poches larges, certaines zippées et toutes faciles d'accès, en font le vêtement fonctionnel par excellence que tout le monde veut adopter. C'est cette idée ingénieuse qui traverse les siècles et que l'on admire encore aujourd'hui.

En 1947, Marylin Monroe, alors pin-up, fait une série de photos où elle revêt une salopette short portée sur un col roulé rouge. On passe alors du look bricoleur à celui de pin-up sexy ! Dans les années 1950, le monde du rock s'empare de ce vêtement, et les femmes le portent sur un tee-shirt moulant ou sur une chemise ajustée, en relevant le bas des jambes.

En 1975, soit plus d'un siècle après sa naissance, la salopette d'Adolphe Lafont se refait une beauté : la coupe originelle reste la même, mais on s'amuse à la décliner dans des couleurs vives très tendance. Coluche arbore la sienne, la fameuse rayée blanche et bleue, sur scène. C'est également à cette époque que la salopette fait la une du magazine *Vogue* et sort ainsi définitivement des ateliers pour se répandre dans les rues de New York et habiller les fashionistas citadines.

En 1976, la créatrice agnès b. se réapproprie la salopette et crée une version blanche et ajustée. Nous gardons aussi en tête la version portée par Sophie Marceau dans *La Boum* ou encore celles de Mario et Luigi dans le jeu *Mario Bros.* ! La salopette est donc vraiment partout, des usines aux podiums en passant par la *street*. Dans le streetwear, elle relève de ce détournement des vêtements de travail pour leur aspect confortable et pratique, puisqu'ils laissent le corps libre de ses mouvements pour skater, danser... tout en le protégeant.

Aujourd'hui, on la porte large comme les skateurs et skateuses ou ajustée, avec des talons ou des Converse comme Rihanna, sur un tee-shirt ou une brassière, voire à même la peau pour les plus téméraires.

La salopette qui nous a le plus inspirées, c'est celle du *Prince de Bel-Air* (interprété par Will Smith dans les années 1990) : elle est large à souhait, avec des jambes qui se resserrent au niveau des mollets et des chevilles. N'hésitez pas à la raccourcir pour en faire une salopette short ! Comme elle est *oversize*, si vous la voulez plus près du corps, il faudra la sous-tailler. Si vous hésitez entre deux tailles, nous conseillons de faire une toile rapide : coupez seulement les jambes devant et dos dans la plus grande taille et cousez rapidement le pantalon. Si c'est trop grand, repositionnez votre patron dans la taille en dessous sur les jambes coupées et recoupez les pièces sans faire de gâchis.
La salopette photographiée est cousue en taille 4.

SALOPETTE XXY

NIVEAU : avancé ✂✂✂

Tissus conseillés

- Tissu avec de la tenue, comme du jean, du velours côtelé, de la toile de coton épaisse…

Points techniques

- Thermocoller
- Faire une boutonnière
- Faire un ourlet
- Retourner des bretelles

Matériel

- tailles 1 à 4 : 190 cm de tissu
- tailles 5 à 7 : 250 cm de tissu
- 40 cm de tissu fin pour les fonds de poche
- une chute d'entoilage thermocollant
- 8 boutons pour jeans
- 2 boucles et bloqueurs de 40 mm de large pour les bretelles
- ***Optionnel*** : 3 rivets pour jeans

Pièces du patron

Patron tracé en vert et rose / planche B.

Pièce	Coupe	Les marges de couture sont incluses
1. Jambe devant	2 × tissu	1 cm tout autour et 2 cm pour l'ourlet
2. Jambe dos	2 × tissu	1 cm tout autour et 2 cm pour l'ourlet
3. Bavette devant	1 × tissu	3 cm en haut, puis 1 cm tout autour
4. Enforme bavette	1 × tissu	1 cm tout autour
5. Poche bavette	1 × tissu	1,5 cm en haut et 1 cm tout autour
6. Fond de poche	2 × tissu fin	1 cm tout autour
7. Parementure entrée de poche	2 × tissu	1 cm tout autour
8. Petit côté de poche	2 × tissu	1 cm tout autour
9. Sous-patte dos	2 × tissu	1 cm tout autour
10. Sous-patte devant	2 × tissu 2 × thermocollant	1 cm tout autour
11. Empiècement dos	2 × tissu	1 cm tout autour
12. Poche fesse	2 × tissu	1,5 cm en haut et 1 cm tout autour
13. Bretelle	2 × tissu	1 cm tout autour
14. Passant	1 × tissu	1 cm tout autour

Double surpiqûre Lorsque l'on parle de double surpiqûre, il faut piquer avec un point un peu plus long, à 2 mm de la couture, du pli ou du bord (selon les cas), et repiquer à nouveau à 4 mm de cette dernière surpiqûre.

Attention Les pièces Jambe devant et Jambe dos sont tracées en deux parties sur la planche. Après avoir décalqué les deux parties, superposer les lignes avec des lettres pour reformer la pièce entière.

Bientôt
tout
redeviendra
peaussible.
@ou.tu.veux

Plan de coupe

Tailles 1 à 4:

Le tissu est plié en deux, utiliser les chutes pour couper les pièces 5 et 14 en une seule épaisseur. Le tissu fin est partiellement plié en deux.

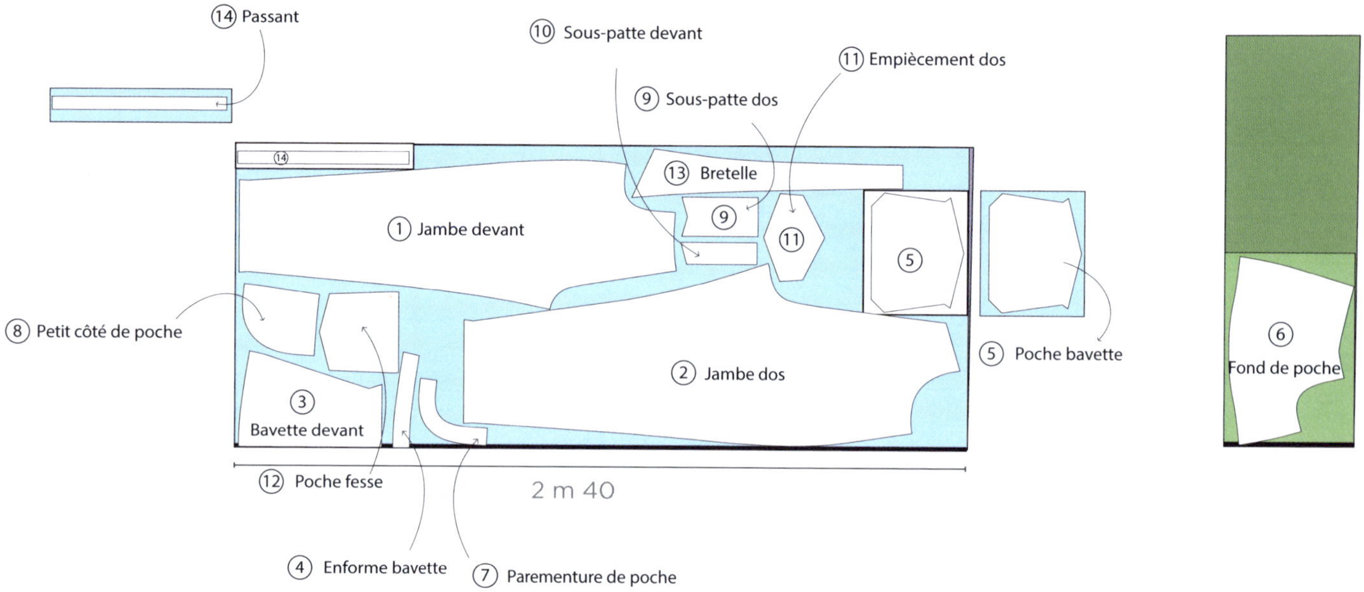

Tailles 5 à 7:

Le tissu est plié en deux, utiliser les chutes pour couper les pièces 3, 5 et 14 en une seule épaisseur. Le tissu fin est partiellement plié en deux.

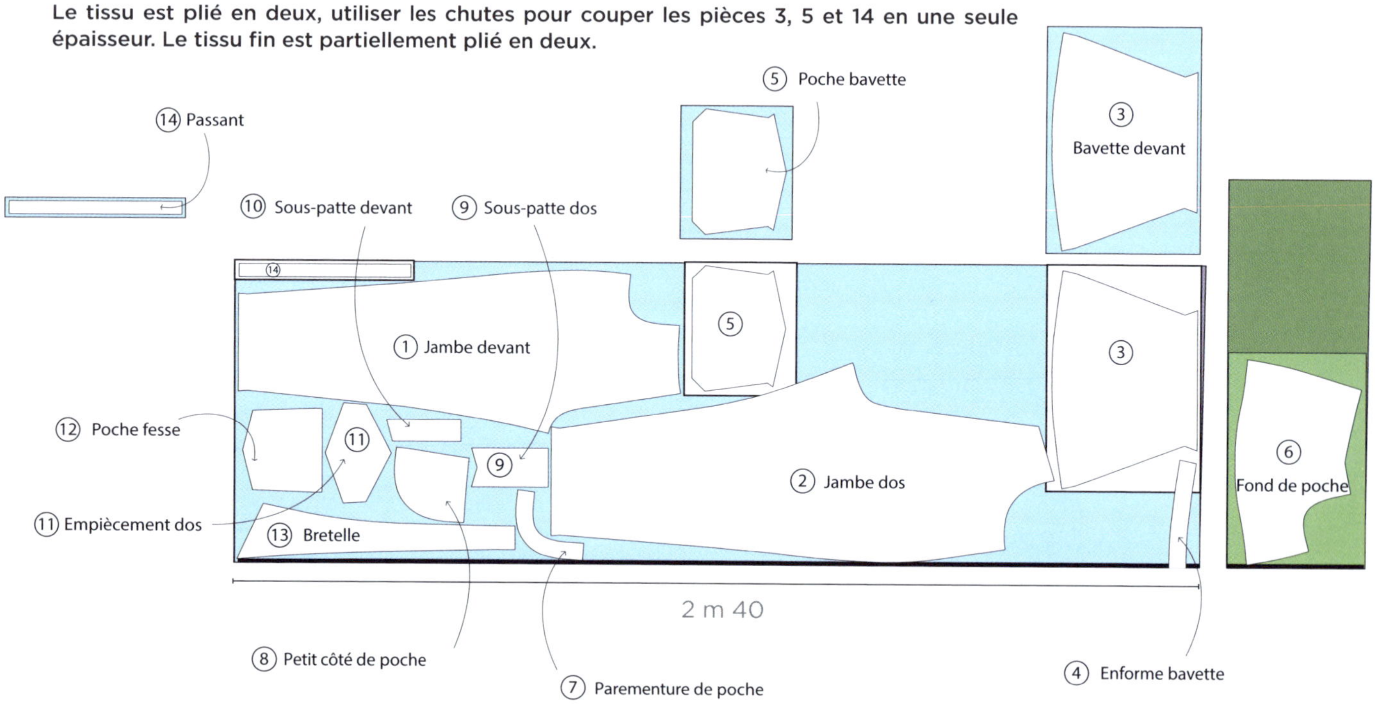

1 Préparer le devant de la salopette : surfiler le haut et les côtés de la bavette. Marquer au fer un rempli contre l'envers de 1 cm sur les côtés, puis un de 3 cm en haut.

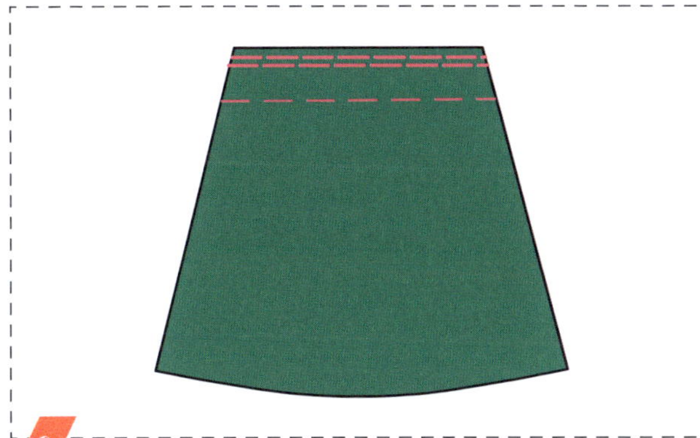

2 Faire une première piqûre simple à 2,5 cm du pli pour fixer le rempli du haut. Faire ensuite une double surpiqûre en haut, au ras du pli.

3 Surfiler le contour de la poche de la bavette. Marquer au fer un rempli de 1,5 cm en haut, puis un de 1 cm tout autour. Coudre seulement l'ourlet du haut, à la machine et avec une double surpiqûre.

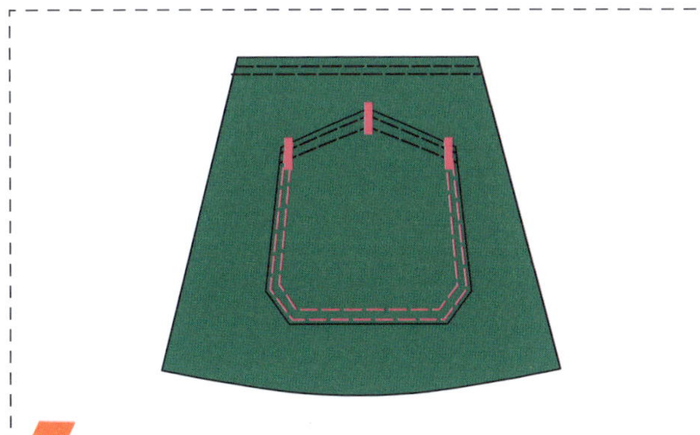

4 Coudre la poche sur la bavette avec une double surpiqûre (côtés et bas). Solidifier le haut de la poche et le sommet du haut de la poche avec un point bourdon ou des rivets, au choix.

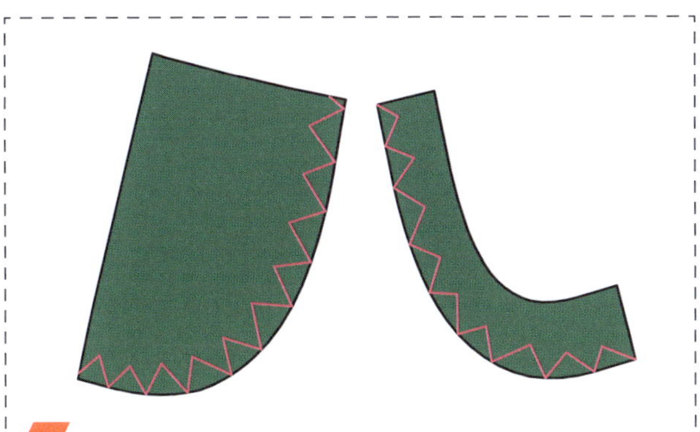

5 Surfiler l'arrondi des petits côtés de poche et de la parmenture de poche.

6 Poser le petit côté de poche et la parmenture sur l'endroit des fonds de poches et piquer le long de l'arrondi pour les fixer.

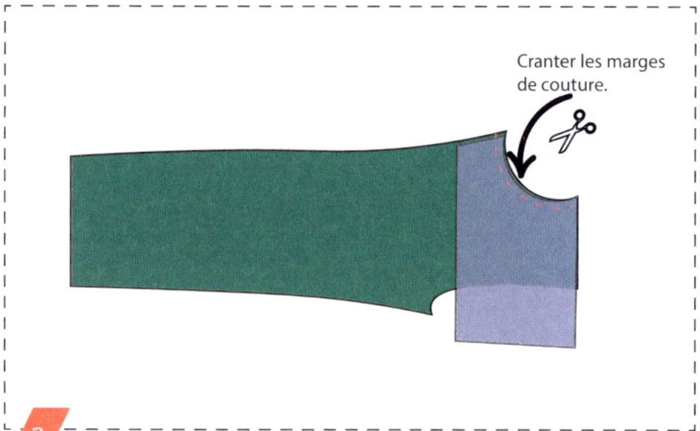

7 Poser le fond de poche sur la jambe devant, endroit contre endroit. Coudre le long de l'arrondi, et cranter les marges de couture ensemble.

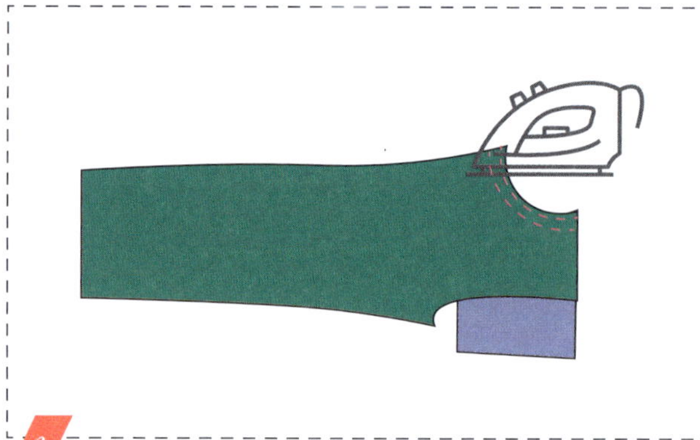

8 Placer le fond de poche dans sa position finale, contre l'envers de la jambe, et repasser soigneusement. Faire une double surpiqûre au niveau de l'entrée de poche pour la maintenir en place.

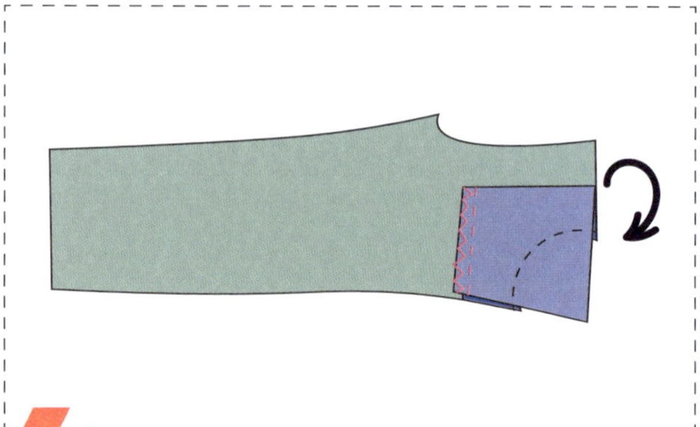

9 Plier les fonds de poches le long de la ligne de pliure. Coudre le bas pour fermer la poche. Surfiler les marges de couture.

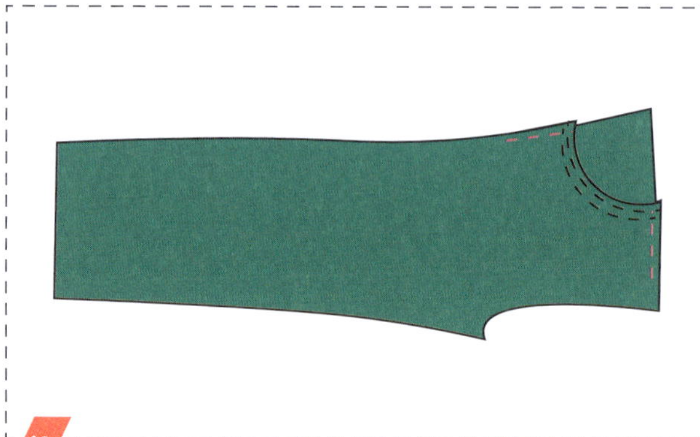

10 Faire une piqûre de maintien en haut et sur le côté de la poche, dans la marge de couture. La poche ne bougera plus !

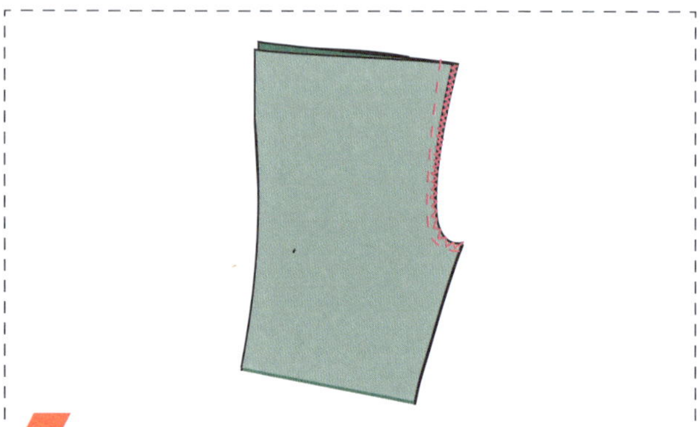

11 Superposer les deux jambes devant endroit contre endroit et coudre la fourche. Surfiler les marges de couture ensemble.

12 Coucher au fer la couture vers un côté et maintenez les marges de couture en place à l'aide d'une double surpiqûre.

13 Surfiler les petits côtés de l'enforme. Marquer au fer un rempli de 1 cm sur l'envers, le long du grand côté sans cran.

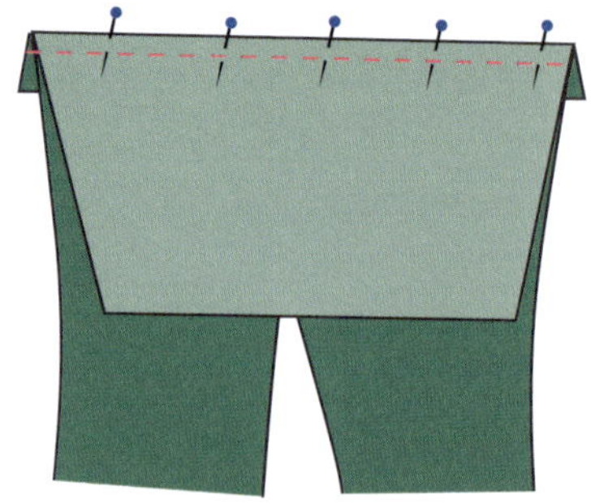

14 Déplier les remplis sur les côtés de la bavette. Superposer le haut des jambes et le bas de la bavette, endroit contre endroit. Placer ensuite l'endroit de l'enforme (bord non plié) contre l'envers des jambes. Les jambes sont prises en sandwich entre la bavette et l'enforme. Coudre les trois épaisseurs en même temps (bavette, haut des jambes, enforme).

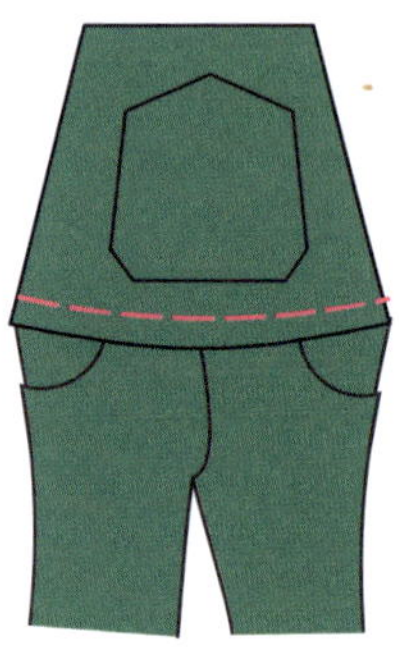

15 Repasser les marges de couture vers le haut, puis repasser l'enforme vers le haut afin qu'elle recouvre les marges de couture (l'enforme se retrouve à l'intérieur de la salopette, elle est invisible sur l'endroit).
Bâtir ou épingler l'enforme en place et surpiquer au ras du pli de l'enforme, pour la maintenir en place.

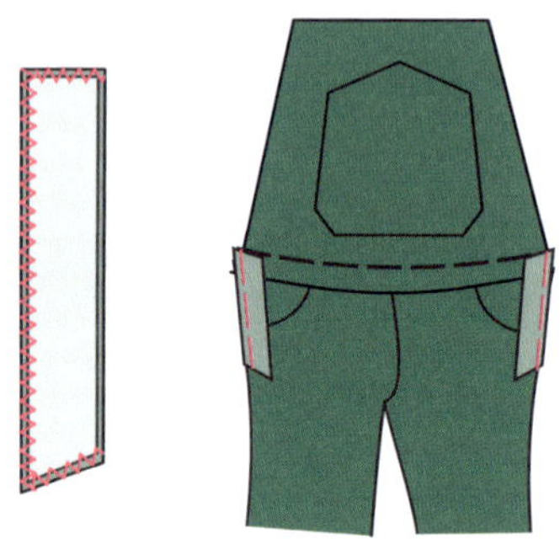

16 Thermocoller les sous-pattes devant. Surfiler la pointe du bas, le haut et la plus grande des longueurs de la sous-patte devant. Superposer la plus petite longueur de la sous-patte devant et la jambe devant, en haut, endroit contre endroit. Le haut de la sous-patte arrive au niveau du haut de l'enforme. Piquer à 8 mm.

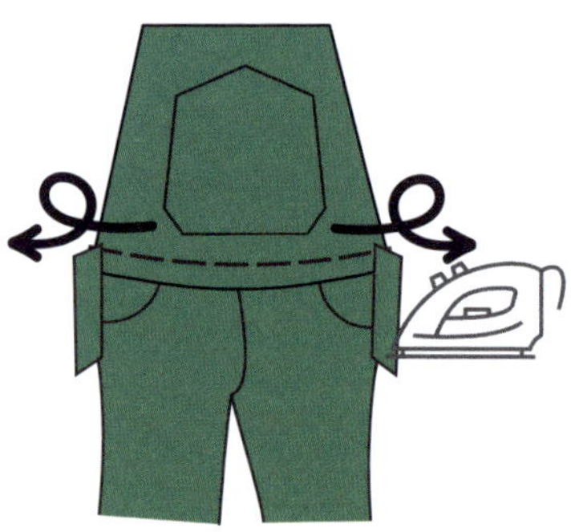

17 Déplier la sous-patte vers le côté et repasser.

18 Faire une double surpiqûre sur les côtés de la bavette, pour fixer les plis formés à l'étape 1.

19 Préparer le dos de la salopette : surfiler le haut de la poche. En haut de la poche, marquer au fer un premier rempli contre l'envers de 1,5 cm . Piquer pour maintenir en place, éventuellement avec une double surpiqûre.
Optionnel : Broder un motif sur la poche à la machine.

20 Marquer au fer un rempli contre l'envers de 1 cm, sur les côtés et en bas de la poche.

21 Épingler les poches sur les jambes dos, à l'emplacement prévu sur le patron. Faire une double surpiqûre à 2 mm du bord, pour maintenir en place. Solidifier le haut de la poche avec un point bourdon ou des rivets, au choix.

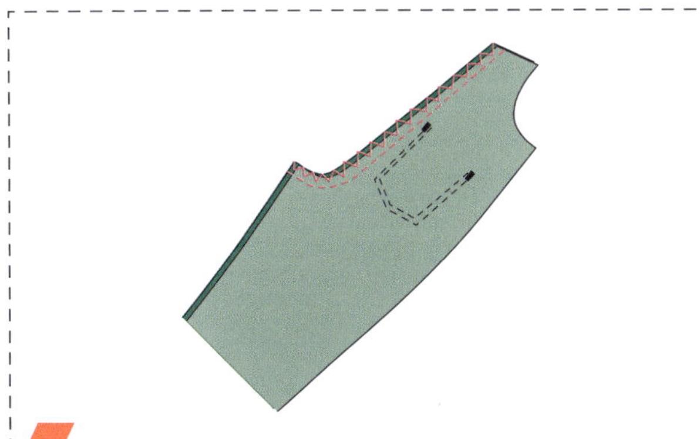

22 Superposer les deux jambes dos endroit contre endroit et coudre le milieu dos à 1 cm. Surfiler les marges de couture ensemble.

23 Plaquer au fer les marges de couture d'un côté. Faire une double surpiqûre pour les maintenir en place.

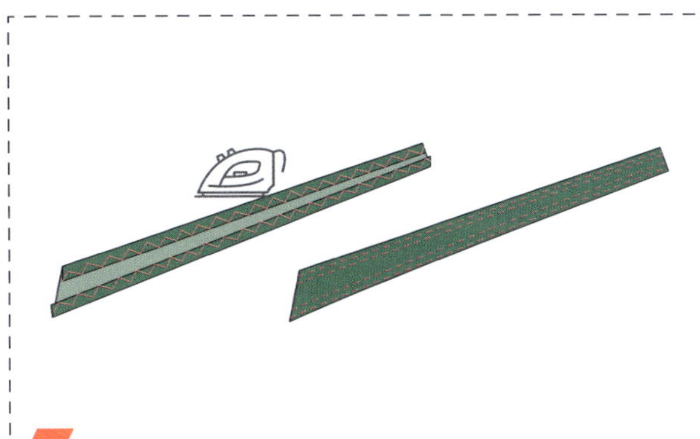

24 Surfiler les longueurs des bretelles. Marquer au fer un rempli contre l'envers de 1 cm de chaque côté. Maintenir ces remplis par une double surpiqûre.

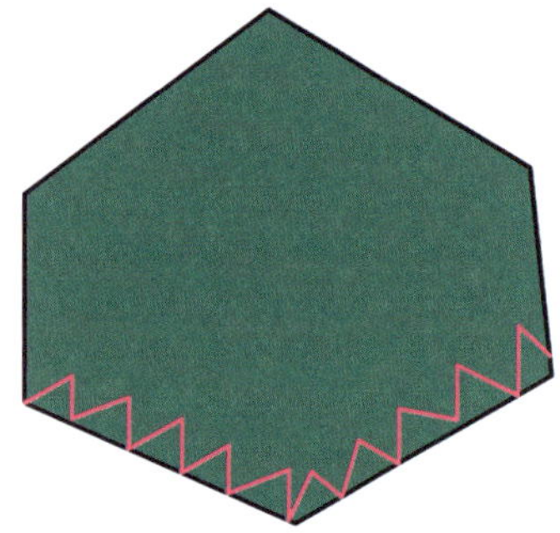

25 Surfiler le bas de l'un des deux empiècements dos (celui qui se retrouvera à l'intérieur de la salopette). Des crans indiquent le haut et le bas : deux crans pour le bas, quatre crans pour le haut.

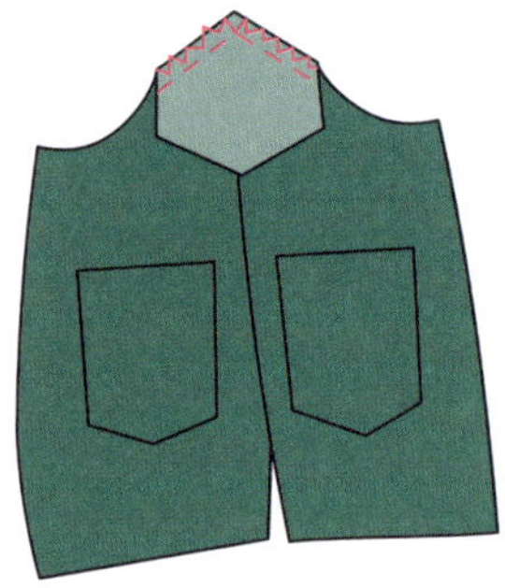

26 Coudre, endroit contre endroit, l'empiècement dos non surfilé sur le haut du dos. Attention, passage délicat : il y a un angle ! Pour coudre cet empiècement, nous vous conseillons de tracer les marges de couture dans l'angle, à 1 cm, et de suivre les explications du cahier technique, p. 123. Surfiler les marges de couture.

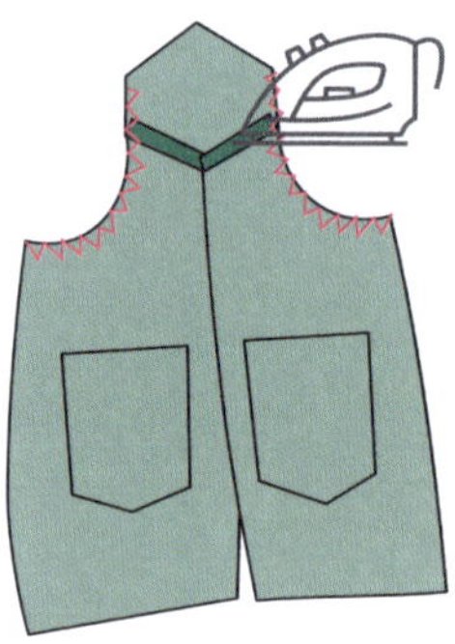

27 Repasser les marges de couture vers le haut (elles seront surpiquées à l'étape 31). Surfiler le haut du pantalon jusqu'aux côtés de l'empiècement.

28 Placer l'endroit des bretelles sur l'endroit de l'empiècement dos cousu, en laissant dépasser l'empiècement de 1 cm de chaque côté. Les bretelles se croisent, c'est normal. Des crans sont présents pour bien positionner les bretelles.

29 Placer l'endroit du second empiècement sur l'envers des bretelles. Piquer les côtés et le haut en veillant à ne prendre les bretelles qu'en haut.

30 Dégarnir les angles. Retourner les empiècements dans leur position finale. Repasser soigneusement et à pleine vapeur pour bien former les angles. Former au fer un rempli contre l'envers de 1 cm en haut du dos, de part et d'autre de l'empiècement (pour bien former un rempli sur un arrondi, il faut user et abuser de la vapeur).

31 Piquer le rempli avec une double surpiqûre pour le maintenir en place.
Bâtir le bas de l'empiècement dos en place. Sur l'endroit, faire une double surpiqûre tout autour de l'empiècement.

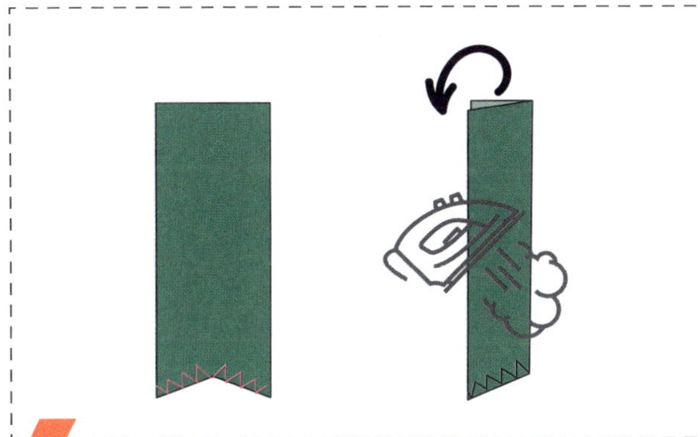

32 Surfiler le bas des sous-pattes dos, les plier en deux envers contre envers et marquer le pli au fer.

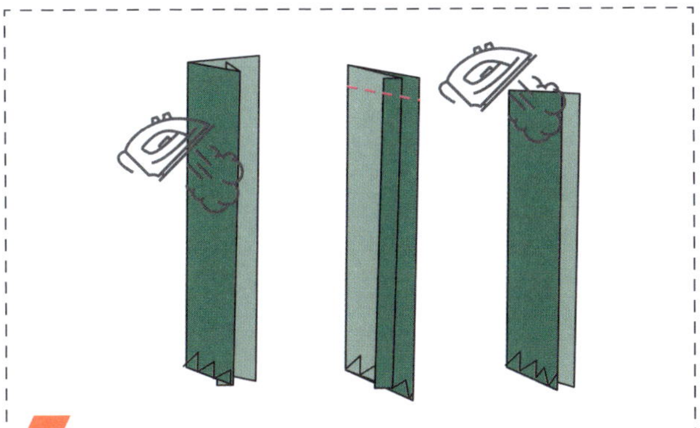

33 Marquer au fer un rempli contre l'envers de 1 cm sur l'un des côtés de chaque sous-patte (à gauche pour l'une, à droite pour l'autre). Plier la sous-patte endroit contre endroit et piquer le haut pour la fermer. Retourner la sous-patte et repasser soigneusement pour la former.

34 Superposer la sous-patte dos sur le haut des jambes dos, endroit contre endroit le petit côté fermé en haut. Des crans sont présents pour bien positionner la sous-patte. Coudre le côté sans rempli de chaque sous-patte et le haut du dos.

35 Repasser la marge de couture vers la sous-patte. Rabattre le rempli de la sous-patte dessus, de façon à envelopper la marge de couture, repasser à nouveau et bâtir en place. Piquer à 1 mm de la couture pour fermer la sous-patte sur la marge de couture qui devient alors invisible.

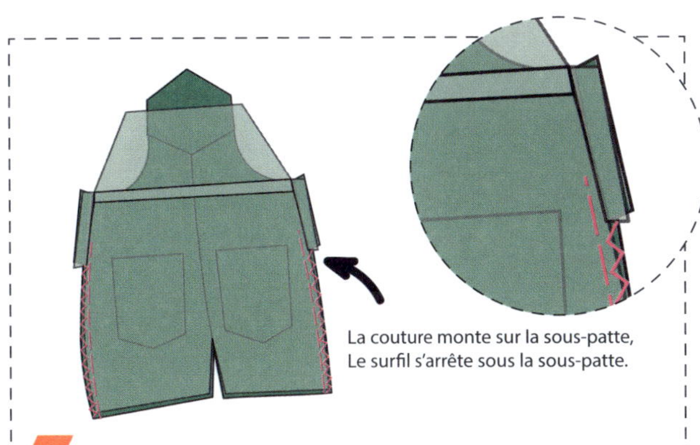

36 Assembler le dos et le devant : superposer les jambes devant et dos endroit contre endroit. Les sous-pattes restent dépliées. Coudre les côtés jusqu'au cran du bas de la sous-patte (c'est-à-dire sur environ 4,5 cm sur la sous-patte dos). En haut, cette couture se situe au ras des sous-pattes. Vérifier que les sous-pattes ne sont pas visibles sur l'endroit. Sinon, découdre et recommencer, quitte à bâtir. Surfiler les marges de couture.

37

Plaquer les marges de couture au fer vers le devant, la sous-patte devant se retrouve plaquée contre l'envers de la jambe devant, au niveau de la poche, et devient complètement invisible sur le devant. Superposer les sous-pattes dans leur position finale. Coudre quelques points en bas des sous-pattes devant et dos pour les fixer ensemble, cette couture ne sera pas visible sur l'endroit de la salopette.

38

Réaliser une double surpiqûre le long de la couture faite à l'étape 36, afin de maintenir en place la sous-patte devant et les marges de couture plaquées. Renforcer l'ouverture des côtés par un point de bourdon au niveau du cran de l'arrêt de la couture côté : le point de bourdon se fait sur trois pièces de tissu (la sous-patte dos, la sous-patte devant, la poche devant)

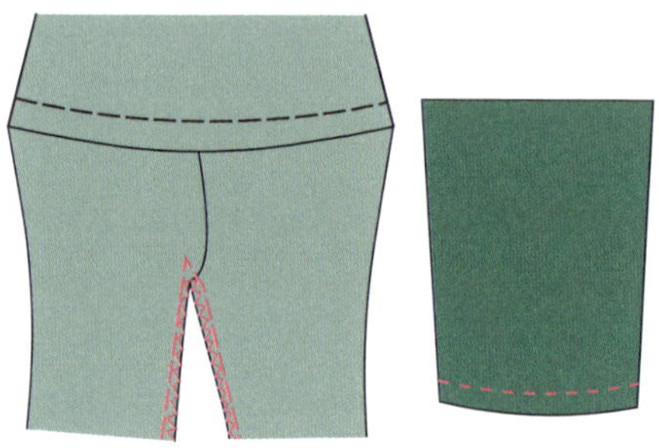

39

Superposer les jambes du devant et du dos endroit contre endroit. Coudre l'entrejambe. Surfiler les marges de couture. En bas des jambes, marquer au fer un premier rempli contre l'envers de 1 cm, puis un second rempli de 1 cm aussi. Faire une piqûre simple à 2 mm du pli pour fixer l'ourlet formé.

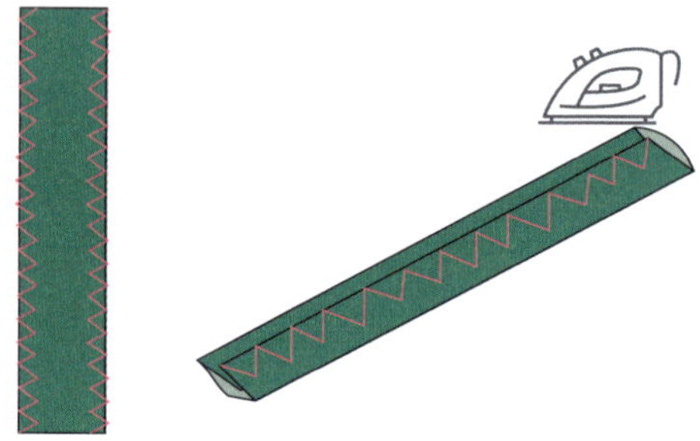

40

Les passants et boutons : surfiler les longueurs de la bande qui forme les passants. Plier cette bande en trois dans le sens de la longueur en marquant les plis au fer.

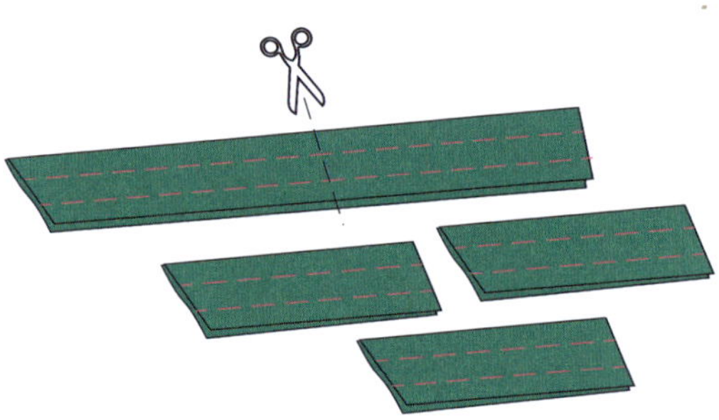

41

Faire une double surpiqûre pour fermer la bande. La couper en cinq morceaux de même longueur, tous les 8 cm exactement, pour former cinq passants.

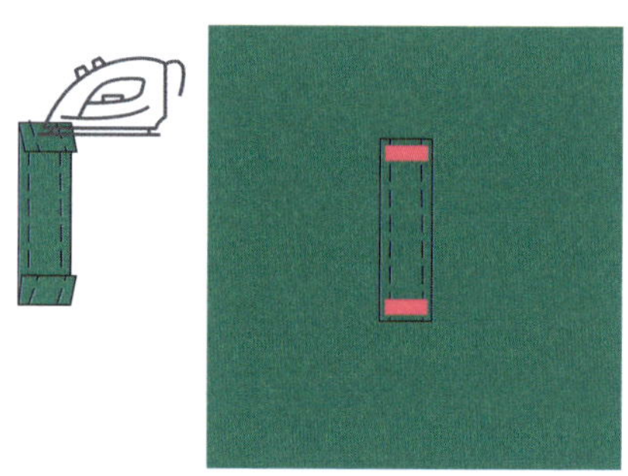

42

Marquer au fer un rempli de 1 cm aux extrémités de chaque passant. Les placer sur la salopette, en respectant les indications du patron. Les maintenir en place avec un point bourdon au ras des plis, en haut et en bas.

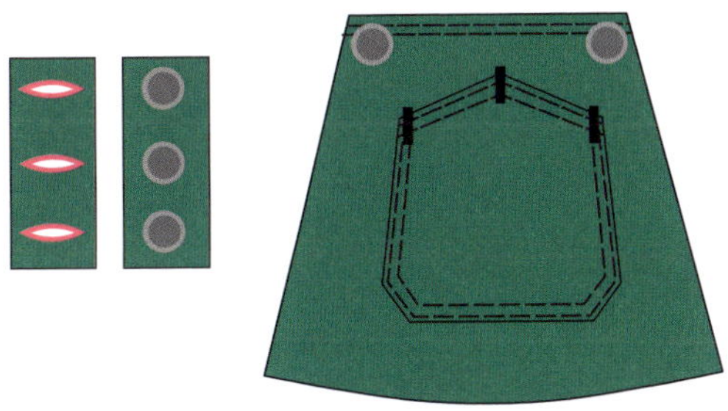

43 Broder les boutonnières en suivant les indications du patron (trois sur les devants de chaque côté, en prenant les deux couches : devant et sous-patte devant). Les boutonnières permettent aussi de fixer les sous-pattes sous le devant.
Poser les boutons pour jeans avec une pince ou un marteau, selon la notice de votre matériel (trois sur chaque côté et deux sur la bavette).

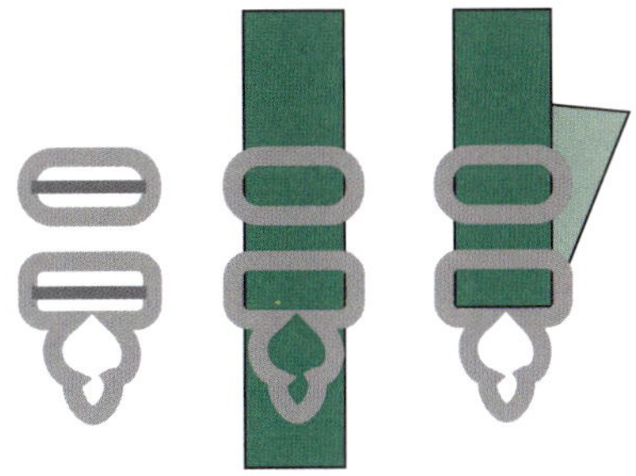

44 Prendre le régleur et la boucle de bretelle. Insérer chaque bretelle dans le régleur, de façon à recouvrir la barre du milieu, puis dans la boucle, puis à nouveau dans le régleur par en dessous.

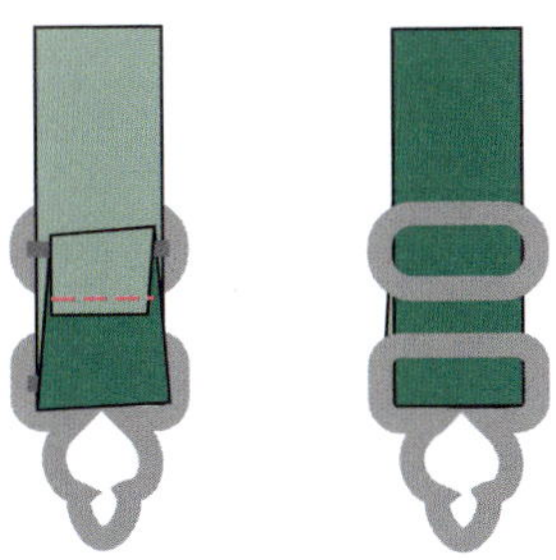

45 Faire un rempli contre l'envers de 5 mm au bout de la bretelle, puis un second rempli contre l'endroit pour fermer la bretelle autour de la barre du milieu du régleur. Coudre ce second rempli (la couture n'est pas visible sur le devant, regarder sur une salopette du commerce peut aider).

Bonus

- Raccourcir le pantalon pour en faire une salopette short.
- Ajouter des découpes, comme expliqué dans le cahier technique, pages 122-124.
- Coudre les bretelles dans un tissu contrastant.
- Jouer avec les poches, en ajouter sur les côtés des jambes comme sur un pantalon cargo.

Portez fièrement votre salopette XXY !

Partagez vos créations sur les réseaux sociaux avec #salopetteXXY

LE SHORT
une histoire raccourcie

Short, culotte courte, bermuda... Ils sont nos amis dans les stades, à la plage, mais aussi dans les soirées élégantes. Mais comment est apparu ce vêtement qui possède tant de noms et multiplie les formes ?

Au début du XIXe siècle, les militaires britanniques stationnés dans les Bermudes se plaignent de la chaleur. Ils ont l'idée de couper leur pantalon au-dessus du genou : le bermuda est né. Mais l'armée britannique réserve un accueil mitigé à ces *short trousers* (d'où le nom *short*) et les juge disgracieux. Malgré tout, les militaires obtiennent le droit d'en porter, mais uniquement à la condition de revêtir également une veste, une cravate et des chaussettes.

Pour les civils, le short, c'est non ! Certaines zones l'interdisent même pour des raisons esthétiques et punissent les hommes en short dans la rue à coup d'amendes et de peines d'emprisonnement ! Car dans la vie civile, le short est un vêtement exclusivement réservé aux jeunes garçons et aux adolescents. Ce sont les fameuses culottes courtes !

Pourtant, le bermuda continue de tracer sa route... La longueur a varié au fil des époques et des modes, et sa démocratisation est passée par le sport : d'abord les golfeurs, qui coupent leurs pantalons sous les genoux pour ne pas les mouiller dans l'herbe humide. Ce vêtement investit ensuite bon nombre de sports, en particulier le base-ball. Mais attention, pudeur oblige, dans le sport comme à l'armée, on cache les mollets avec des chaussettes hautes !

Après l'armée et le sport, la tendance short gagne les milieux bourgeois, qui le portent dans sa version veste, cravate et chaussettes pour les sorties chics. Ce sont les progrès sociaux comme les congés payés, acquis en 1936, et le temps libre nouvellement accessible, qui participent à la démocratisation du short, chez soi ou à la plage.

Dans les années 1950, on commence à s'autoriser à montrer ses jambes en ville : *exit* les chaussettes ! Le short devient mixte, sexy et chic, et Marilyn Monroe s'affiche dans un magnifique minishort blanc.

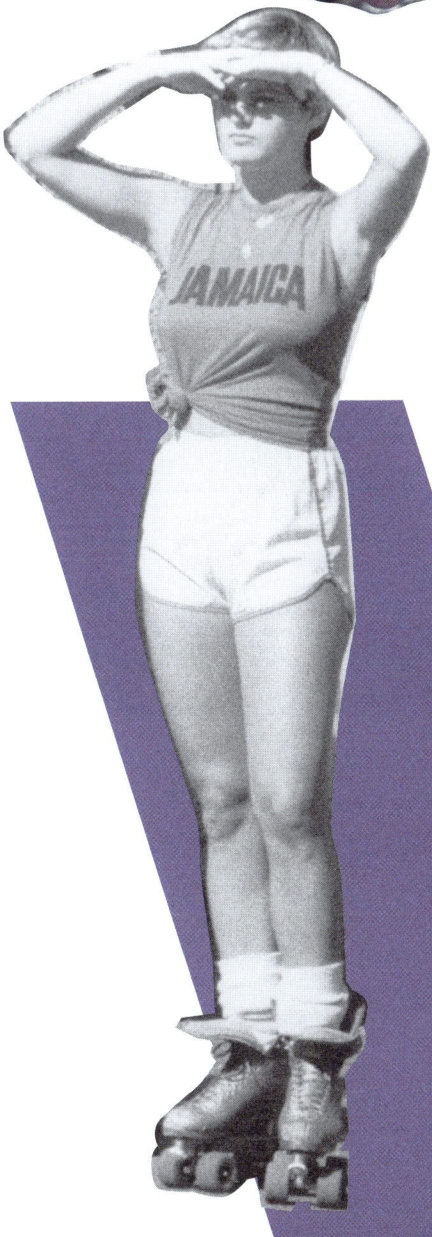

On comprend mieux pourquoi le short est une pièce maîtresse du dressing *streetwear* : il est unisexe, avec une histoire sportive et chic. Celui qui nous a inspirées dans ce livre, c'est le short de boxe : il a une large ceinture élastiquée, une taille haute (ce qui incite les athlètes à ne pas taper « sous la ceinture »), et il est suffisamment ample pour ne pas entraver les jeux de jambes. Qu'il soit porté avec des talons et une chemise rentrée dedans ou avec des baskets et un sweat, tout lui va. Il suffit de laisser libre court à votre créativité. Alors, sortons le short de boxe du ring et portons-le dans la rue ! La ceinture large et haute peut freiner certains hommes. Si c'est le cas, vous pouvez la réduire. À vos shorts, prêt·es, partez ! Les shorts photographiées pages 40-41, 49, 93 et 97 sont cousus en taille 5.

SHORT XXY

NIVEAU : débutant ✂

Tissus conseillés

▰ Molleton, jersey épais, velours extensible… Et pourquoi pas en chaîne et trame ? (voir p. 40 et 41.)

Points techniques

▰ Coudre du jersey
▰ Faire un ourlet
▰ Insérer un élastique

Matériel

- tailles 1 à 6 : 100 cm de tissu
- taille 7 : 110 cm de tissu
- environ 3 m d'élastique de 2 cm de large
- Un peu de thermocollant pour l'ouverture des poches, si le tissu est mou.

Pièces du patron

Patron tracé en rose / planche D.

Pièce	Coupe	Les marges de couture sont incluses
1. Jambe devant	2 × tissu	1 cm tout autour et 3 cm pour l'ourlet
2. Jambe dos	2 × tissu	1 cm tout autour et 3 cm pour l'ourlet
3. Ceinture devant	1 × tissu au pli	1 cm tout autour
4. Ceinture dos	1 × tissu au pli	1 cm tout autour
5. Entrée de poche	2 × tissu	1 cm tout autour
6. Fond de poche	2 × tissu	1 cm tout autour

Plan de coupe

Le tissu est plié en deux.

Astuce Si le tissu choisi est épais, couper la pièce entrée de poche dans un tissu fin assorti pour éviter les surépaisseurs.

Montage Lorsque le verbe *assembler* est utilisé sans autre précision, il s'agit d'assembler en une seule étape à la surjeteuse ou en deux étapes à la machine à coudre, en cousant au point droit, puis en surfilant (voir cahier technique, p. 115).

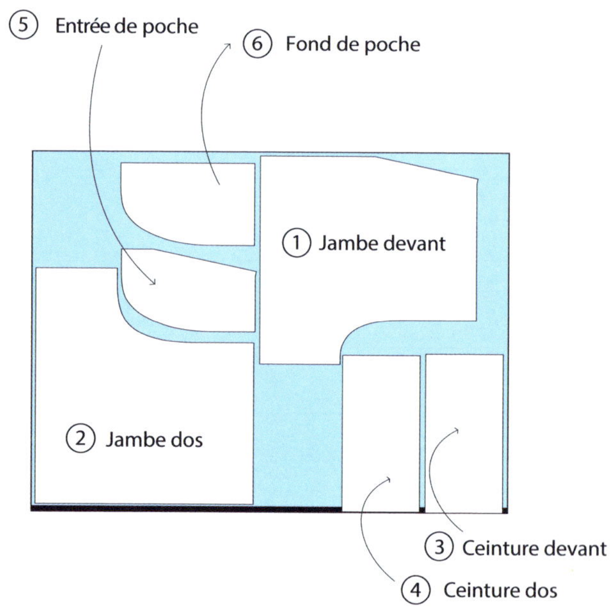

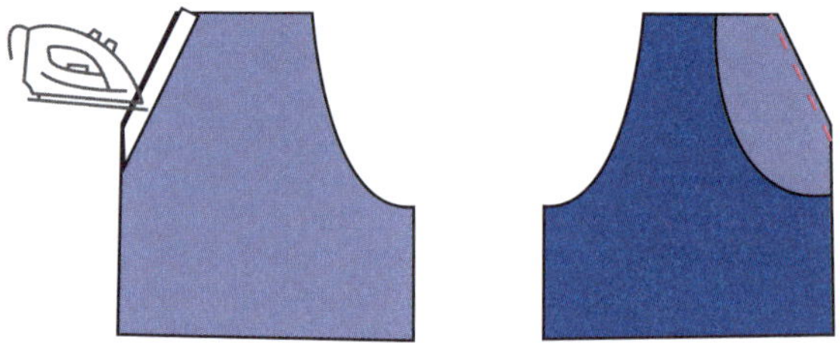

1 Les poches italiennes : pour une meilleure tenue des ouvertures de poches, poser éventuellement une bande de thermocollant de 2 cm de large le long de l'ouverture, sur l'envers du short devant. Assembler l'entrée de poche à la jambe devant, endroit contre endroit, le long de l'oblique.

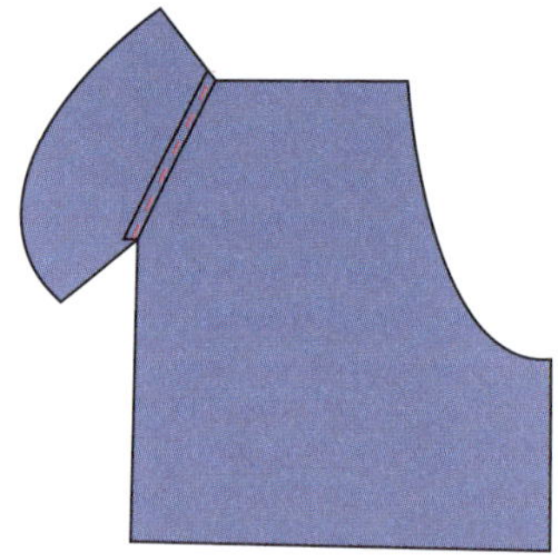

2 Plaquer les marges de couture vers la poche et piquer à la machine à coudre à 2 mm de la couture précédente.

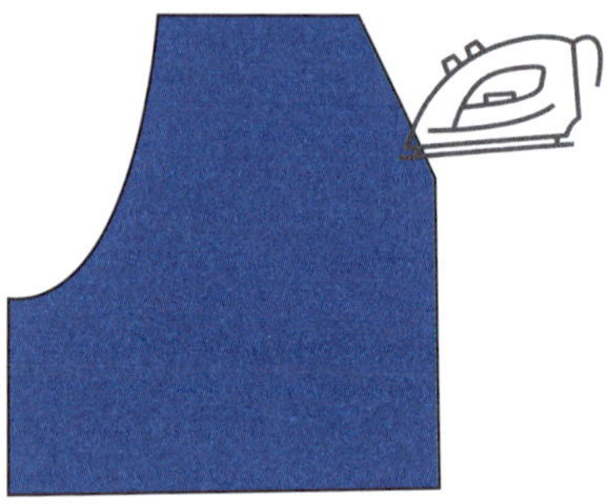

3 Placer l'entrée de poche dans sa position finale et repasser soigneusement, avec une pattemouille si le tissu est fragile. La piqûre précédente la maintient en place. Elle doit être invisible sur l'endroit du short.

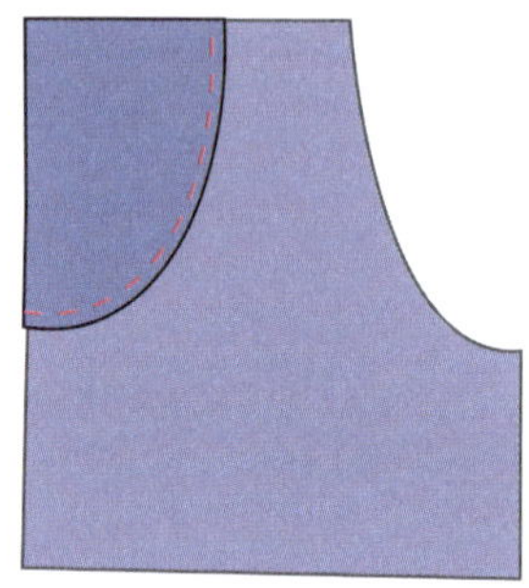

4 Épingler le fond de poche à l'entrée de poche, endroit contre endroit. Assembler le côté arrondi, à 1 cm du bord, sans coudre le devant du short.

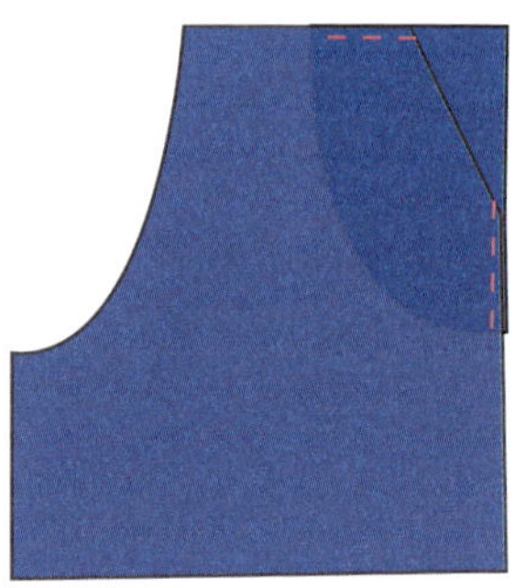

5 Faire une piqûre de maintien en haut de la poche et sur le côté, à 5 mm, en prenant les trois épaisseurs : le fond de poche, l'entrée de poche, le devant.

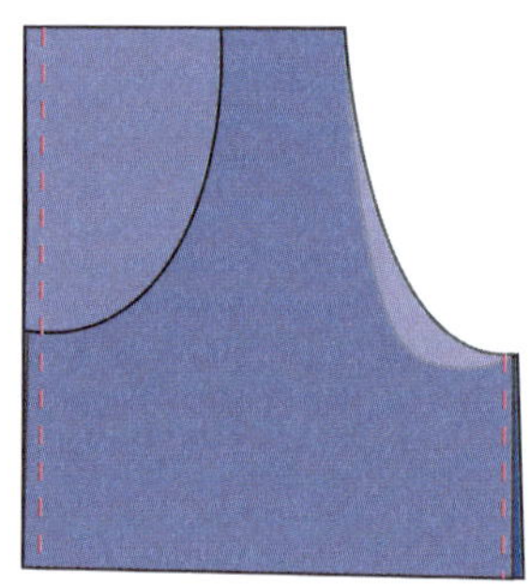

6 Assembler, endroit contre endroit, une jambe dos et une jambe devant en piquant les deux côtés. Recommencer pour l'autre jambe. Repasser à pleine vapeur sur l'envers, pour plaquer les marges de couture vers le dos.

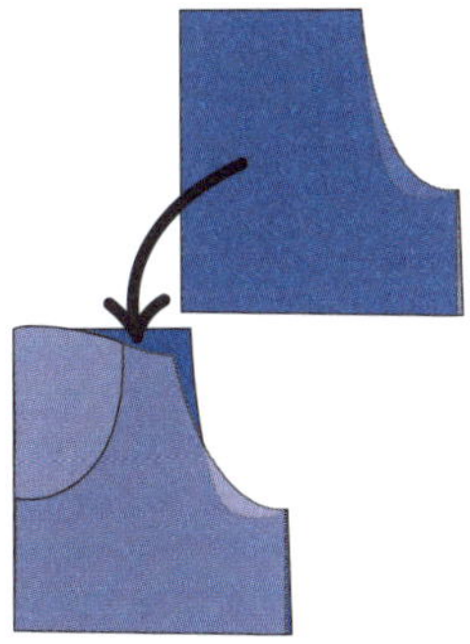

7 Mettre une jambe à l'endroit et l'autre à l'envers. Insérer une jambe dans l'autre de telle sorte que les jambes se retrouvent endroit contre endroit.

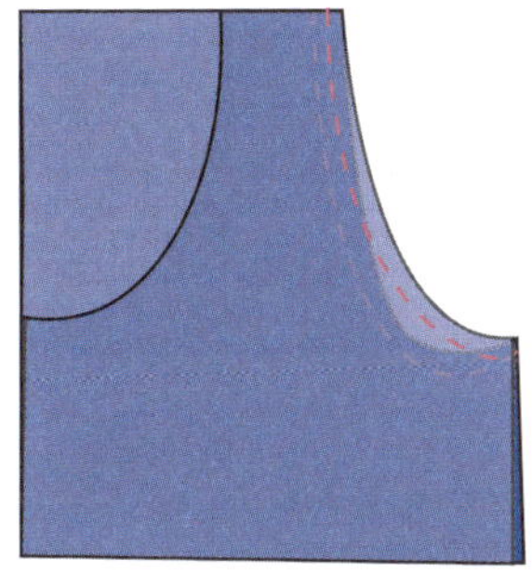

8 Assembler les deux jambes en piquant tout le long de la fourche. Retourner le short sur l'envers et repasser à pleine vapeur pour plaquer les marges de couture vers un côté.

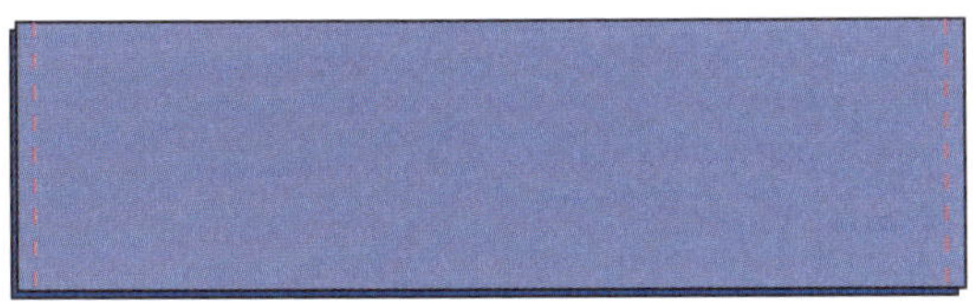

9 Épingler, endroit contre endroit, les petits côtés de la ceinture dos à ceux de la ceinture devant. Piquer à la machine à coudre à 1 cm du bord. Repasser à pleine vapeur, pour ouvrir les marges de couture.

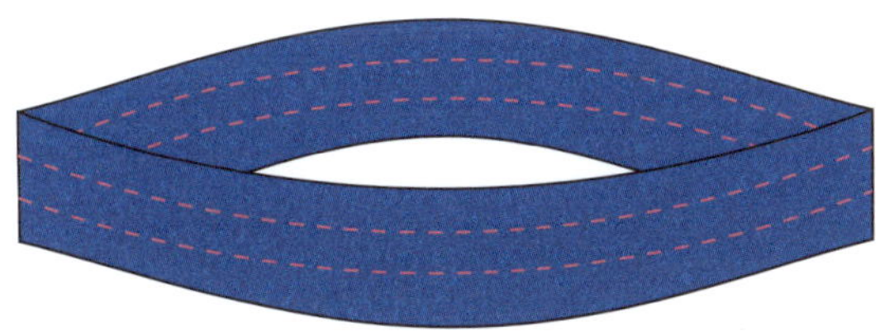

10 Plier en deux la ceinture sur toute la longueur, envers contre envers, et marquer le pli au fer. Piquer à la machine à coudre deux lignes parallèles tous les 2,2 cm à partir du pli, comme indiqué sur le patron.

Astuce Pour éviter que le tissu ne bouge et que les bords ne se décalent, bâtir les deux épaisseurs en place à 5 mm des bords francs, tout autour de la ceinture.

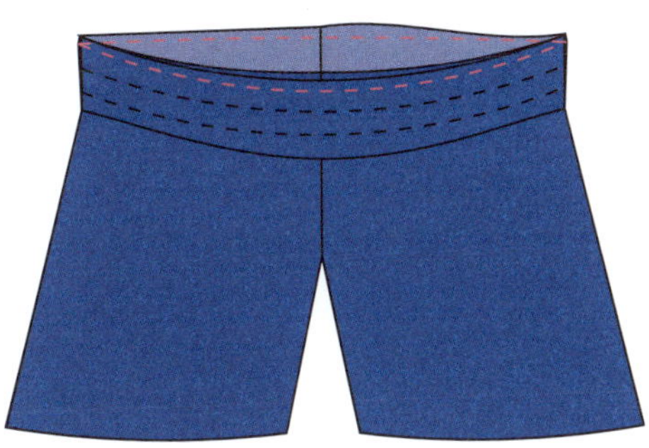

11 Insérer le haut du short dans la ceinture, bord franc contre bord franc et endroit contre endroit, en veillant à superposer les crans et les milieux. Épingler. Assembler les trois couches de tissu (le short et la ceinture pliée en deux). Repasser les marges de couture vers le bas.

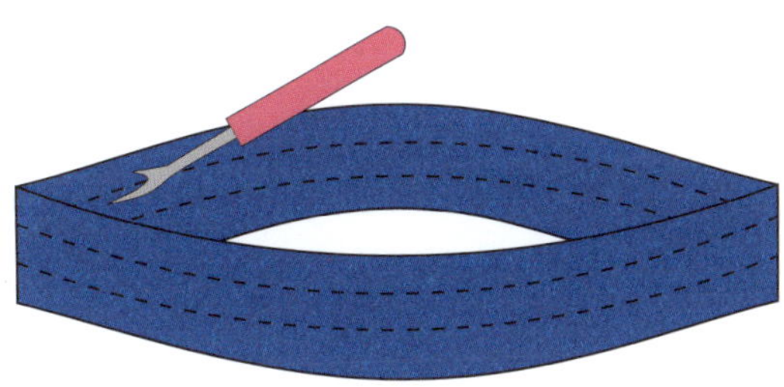

12 À l'intérieur de la ceinture, à l'aide d'un découd-vite, découdre quelques points de l'une des coutures côté de la ceinture pour pouvoir insérer les trois élastiques. Surtout, ne pas découdre les coutures horizontales, seulement la couture verticale à l'intérieur.

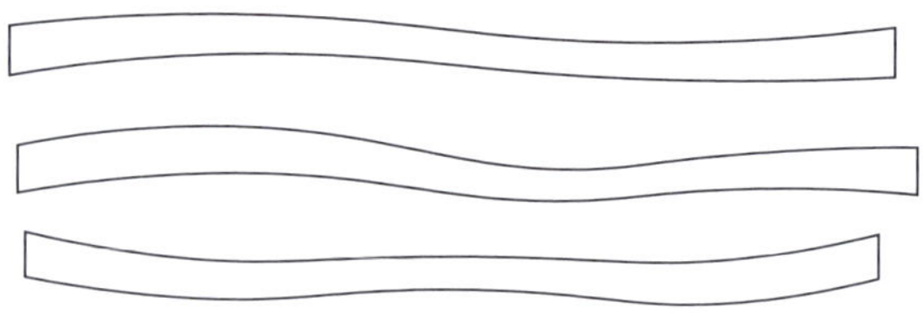

13 Prendre l'élastique de 2 cm de large et le passer autour de sa taille pour mesurer la longueur nécessaire. Il ne doit être ni lâche ni serré. Ajouter 2 cm de marge de couture et couper trois morceaux de cette longueur. À l'aide d'une épingle à nourrice, insérer les trois élastiques, puis fermer les élastiques et les ouvertures, comme indiqué dans le cahier technique, p. 119. Si on n'est pas à l'aise avec cette technique ou en panne de mercerie, il est possible de ne mettre qu'un seul élastique large et de le surpiquer comme expliqué p. 121.

14 Réaliser les ourlets en bas des jambes : selon le tissu (voir p. 117), soit marquer au fer un premier rempli de 1 cm, puis un second de 2 cm, et coudre à 1 mm du pli, soit surfiler le bord et faire un rempli de 3 cm.

Conseil d'ajustement Coudre le short, puis l'essayer avant de couper la ceinture. Si le short est trop grand, réduire la largeur en piquant avec une marge de couture plus large au niveau des milieux devant et dos. Il est aussi possible de gagner quelques millimètres en reprenant les côtés. Lorsque l'essayage convient, couper la ceinture en la réduisant en conséquence.

Bonus

- Ajouter un écusson ou une étiquette au milieu de la ceinture, sur le devant, pour accentuer l'effet short de boxe.
- Jouer sur les couleurs et ajouter des découpes : une jambe de chaque couleur, un patchwork pour utiliser des chutes comme sur la photo p. 49 (pour créer des découpes, voir p. 122-124).
- Pour un look plus classique, raccourcir la hauteur de la ceinture sur le patron et mettre un seul gros élastique de la largeur souhaitée.
- Allonger le short pour en faire un bermuda. Pour le bermuda photographié p. 40-41, nous l'avons allongé de 13 cm.
- Pour l'éloigner de son look sportif, oser les tissus à motifs.
- Ajouter des poches (la poche du jogging p. 54, par exemple), que ce soit devant, dans le dos ou sur les côtés !
- Mettre des bandes sur les côtés pour rappeler une célèbre marque.

Portez fièrement votre short XXY !

Partagez vos créations sur les réseaux sociaux avec #shortXXY

LA BRASSIÈRE

accompagner l'émancipation des femmes

On ne peut pas parler de brassière sans parler de corset et de soutien-gorge. Eh oui, avant, la lingerie n'était pas très confortable et servait avant tout à modeler la silhouette !

Pendant des siècles, les femmes ont porté des corsets avec des baleines en métal, très incommodants, voire dangereux, notamment pour les poumons ou l'estomac... Les suffragettes se sont d'ailleurs battues contre son port à partir 1904.

Et au début du XXe siècle, l'Américaine Caresse Crosby invente ce qui se rapproche davantage de ce que l'on connaît aujourd'hui : un soutien-gorge qui sépare les deux seins. Les innovations textiles, comme la rayonne (aujourd'hui appelée « viscose ») puis les tissus extensibles tels que le nylon, permettent ensuite d'améliorer ce sous-vêtement, jusqu'à ce qu'il devienne celui que nous connaissons.

La révolution sexuelle des années 1960 permet de faire encore évoluer cette pièce, qui représente la bourgeoisie et les injonctions du patriarcat. Pour le symbole, les féministes jettent leurs soutiens-gorge dans des poubelles lors de manifestations (elles ne les ont pas brûlés, c'est une jolie légende urbaine). Il doit à présent être confortable, léger et pratique, et la sensualité est une option facultative.

C'est dans ce contexte que les brassières telles que nous les connaissons apparaissent : elles n'ont aucune armature et sont d'abord destinées au sport. Eh oui, courir un marathon avec un soutien-gorge des années 1970, c'est euh... douloureux ! Nous pouvons donc remercier Lisa Lindahl, Hinda Miller et Polly Smith pour l'invention du *jogbra* en 1977. À l'origine, le *jogbra* était appelé « *jockbra* », du fait d'une blague du mari de Lindahl qui avait pris deux *jockstraps* (protections qui soutiennent et protègent les parties génitales des hommes pour éviter les blessures lors d'activités sportives intenses) pour se les mettre sur la poitrine. La brassière était née !

Mais les brassières restent encore sous les tee-shirts... C'est dans les années 1990 que les femmes montrent leurs brassières, tant sur les terrains de sport que sur les podiums ou dans la rue. La mode est aux hauts courts, très courts. Mélangeant sport et chic, la brassière a donc un rôle important à jouer dans cette tendance. Rappelez-vous les looks de Mel C et Mel B des Spice Girls !

Aujourd'hui, ce mélange de sport et de lingerie inspire encore la mode et le streetwear. C'est la brassière ou la bralette (la fusion d'une brassière et d'un soutien-gorge sans armature) que l'on porte et que l'on montre ! Les plus téméraires porteront leur brassière avec un jean, comme si c'était un tee-shirt. D'autres préféreront porter une veste ou une chemise légèrement, voire totalement, déboutonnée par-dessus.

Depuis plus de 30 ans, la référence dans le streetwear, c'est la fameuse brassière Calvin Klein avec un élastique large au nom de la marque. Indémodable, nombre d'entre nous en ont rêvé ! Et n'oublions pas la leçon de style de la grande Aaliyah : la brassière sans bretelle des années 1990 signée Tommy Hilfiger, est toujours tendance.

C'est un type de vêtement encore aujourd'hui associé au « féminin » que nous proposons ici. Mais comme le genre des vêtements n'est qu'une construction sociale, les hommes peuvent parfaitement se créer un look avec cette brassière sans pince poitrine qui épouse toutes les formes, des plus plates aux plus vallonnées. Avec son dos large, elle reprend les codes de sports comme la natation ou le yoga. Elle est évidemment très confortable et laisse libre dans les mouvements. Son élastique large lui donne le côté streetwear que l'on aime tant. Elle se porte avec absolument toutes les pièces de ce livre : la salopette pour un style skate, le jean ou le jogging pour un look sport, le short pour faire comme si on sortait de son entraînement de boxe...
Les brassières photographiées sont cousues en taille 3.

BRASSIÈRE XXY

NIVEAU : débutant ✂

Tissus conseillés

- Tous les tissus jersey. Du jersey côtelé lui donne un look *outwear*, alors qu'un jersey fin fait plus lingerie.

Points techniques

- Coudre du jersey (voir cahier technique, p. 115)
- Coudre une encolure en jersey
- Coudre un élastique large

Matériel

- 50 cm de tissu
- Élastique décoratif si possible de 5 cm de large, dont la longueur est égale au tour de sous-poitrine (voir encadré ci-après).

Pièces du patron

Patron tracé en rouge / planche B.

Pièce	Coupe	Les marges de couture sont incluses
1. Devant	1 × tissu au pli	1 cm tout autour
2. Dos	1 × tissu au pli	1 cm tout autour
3. Bande d'encolure	1 × tissu	1 cm tout autour
4. Bande d'emmanchure	2 × tissu	1 cm tout autour

Plan de coupe

Le tissu est à plat, en une seule épaisseur.

L'élastique de sous-poitrine Pour mesurer la longueur d'élastique nécessaire, le passer sous la poitrine, juste sous les seins : il doit être tendu sans serrer. Ajouter 2 cm de marge de couture et couper.

Montage Lorsque le verbe *assembler* est utilisé sans autre précision, il s'agit d'assembler en une seule étape à la surjeteuse ou en deux étapes à la machine à coudre, en cousant au point élastique, puis en surfilant (voir cahier technique, p. 115).

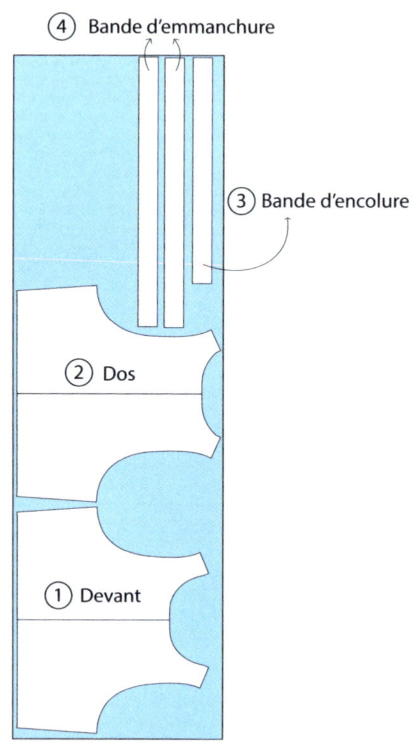

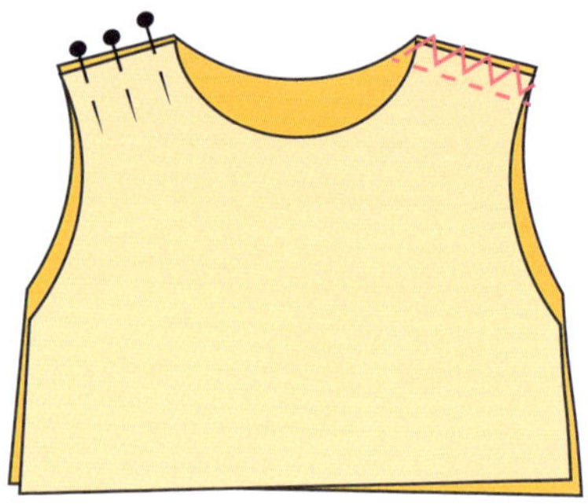

1 Épingler et assembler les épaules des devant et dos, endroit contre endroit. Plaquer les marges de couture vers le dos au fer à repasser.

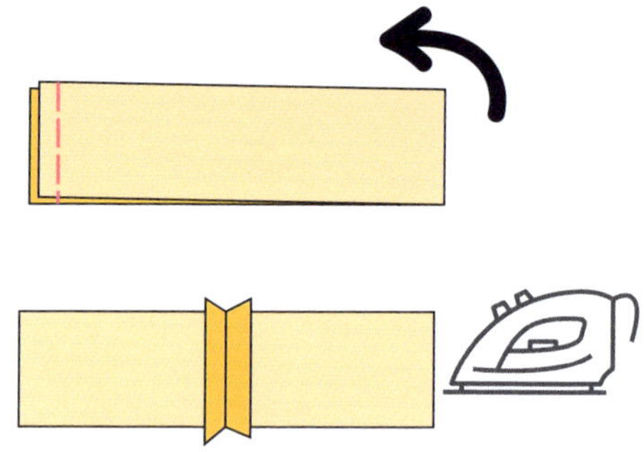

2 Fermer la bande d'encolure et les deux bandes d'emmanchure au point élastique à la machine à coudre, en piquant les petits côtés endroit contre endroit, puis ouvrir les marges de couture au fer à repasser.

3 Pour préformer les trois bandes, les plier en deux dans le sens de la longueur, envers contre envers, et repasser à pleine vapeur.

4 Former l'arrondi du col : poser la bande bien à plat en forme de cercle et repasser avec beaucoup de vapeur. Le col sera ainsi bien formé et ne gondolera pas.

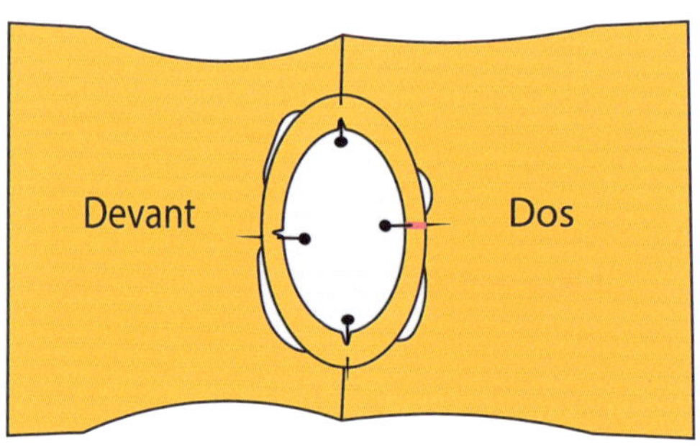

5 Épingler la bande (plus courte que l'encolure) à l'encolure, endroit contre endroit et bord franc sur bord franc, en superposant les crans des coutures d'épaule et du milieu devant. La couture de la bande se retrouve contre le cran milieu dos.

Attention Il faudra certainement adapter la longueur de la bande d'encolure, le patron étant conçu pour un tissu avec un certain taux d'élasticité. Si le tissu choisi a un taux d'élasticité supérieur, il faut la raccourcir, sinon elle va bâiller. S'il a un taux d'élasticité inférieur, il faut la rallonger, sinon elle va froncer le tissu. Faire un essai en bâtissant la bande sur le tee-shirt et repasser en place. Si la forme convient, passer à l'assemblage. Sinon, débâtir et raccourcir la bande. Nous conseillons en plus de faire l'assemblage à la machine à coudre, de vérifier si l'encolure convient puis de surjeter si c'est bien le cas. En effet, il est beaucoup plus simple de défaire une couture à la machine qu'une couture à la surjeteuse ! (Ça sent le vécu...)

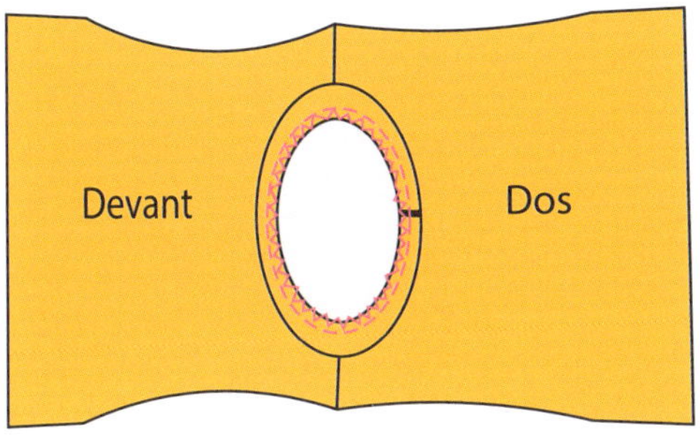

6 Coudre la bande à l'encolure, en ajoutant des épingles si besoin. Comme la bande est plus courte que l'encolure, il faut tirer légèrement dessus lors de la couture et la répartir régulièrement.

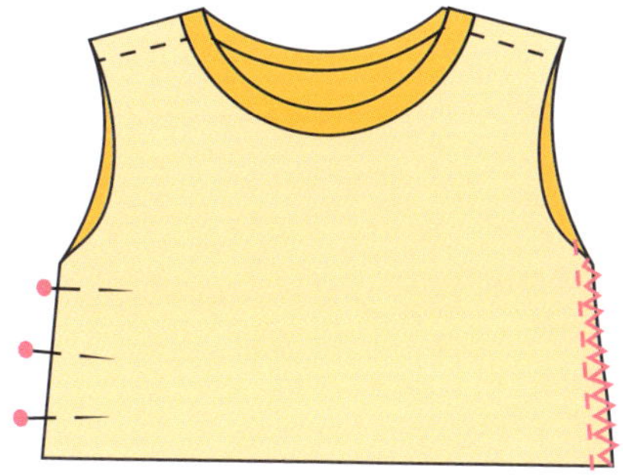

7 Épingler endroit contre endroit, puis coudre les côtés. Plaquer les marges de couture vers le dos, au fer à repasser.

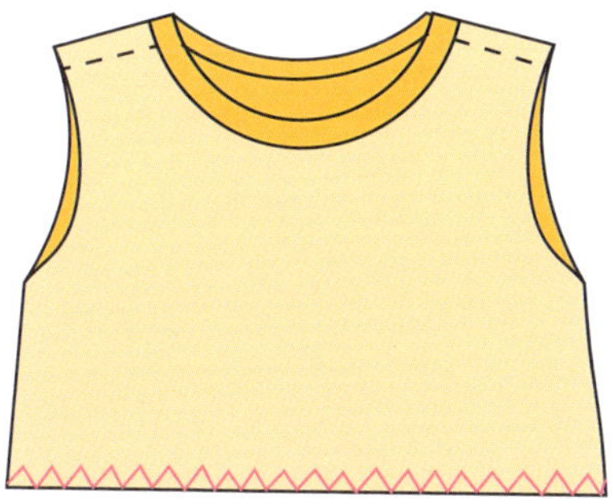

8 Surfiler le bas de la brassière.

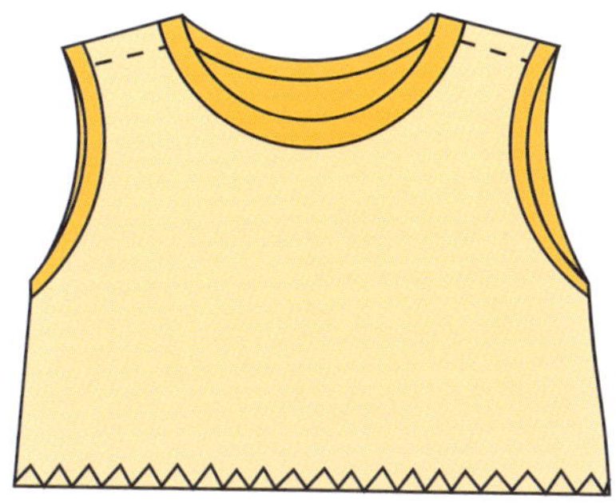

9 Coudre les bandes d'emmanchure de chaque côté, en suivant les étapes 4 à 6, comme pour l'encolure.

10 Plier l'élastique en deux, endroit contre endroit. Coudre les petits côtés au point droit, à la machine à coudre. Vérifier que l'élastique n'est ni trop serré ni trop lâche en le plaçant sous la poitrine. Sinon, réajuster.

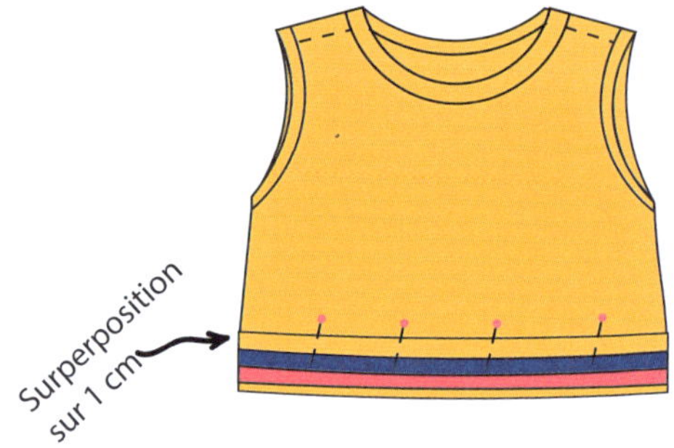

11 Mettre la brassière à l'endroit. Positionner l'élastique par-dessus : il se superpose au bas de la brassière sur 1 cm. La couture de l'élastique se retrouve sur l'une des deux coutures côté. Épingler en place.

12 L'élastique est plus court que la brassière, il faut l'étirer lors de la couture. Coudre sur l'endroit du vêtement, soit au point zigzag, soit avec l'un des points qui conservent l'élasticité mentionnés, p. 116.

Bonus

- Faire une brassière pile ou face, en coupant le devant et le dos dans une couleur différente.
- Faire varier les largeurs d'élastique : un élastique fin lui donnera un côté plus lingerie que sport. Cependant, plus l'élastique est fin, plus le maintien est faible.

Portez fièrement votre brassière XXY !

Partagez vos créations sur les réseaux sociaux avec #brassiereXXY

Bientôt
tout
redeviendra
peaussible.

CAHIER TECHNIQUE

Guide des tailles

Les patrons sont construits pour des femmes de stature 1 m 68 et des hommes de stature 1 m 80. Mais est-ce vraiment important ? Tous les vêtements proposés ici sont non genrés, et la plupart proposent deux lignes de longueurs pour les manches, le buste ou les jambes. À vous de choisir celle qui vous convient le mieux : pour les personnes petites, le vêtement sera long, et pour les personnes grandes, il sera court ! Notre collection est *oversize*, nous proposons donc des fourchettes de tailles dans les tableaux de tailles, mais à vous de sous-tailler ou de surtailler, en fonction de l'effet souhaité.

FEMME

Taille	1	2	3	4	5	6	7
Tour de poitrine (en cm)	80-84	84-88	88-92	92-96	96-100	100-104	104-108
Tour de taille (en cm)	60-65	65-70	70-75	75-80	80-85	85-90	90-95
Tour de hanches (en cm)	86-90	90-94	94-98	98-102	102-106	106-110	110-114

HOMME

Taille	1	2	3	4	5	6	7
Tour de poitrine (en cm)	80-84	84-88	88-92	92-96	96-100	100-104	104-108
Tour de taille (en cm)	68-72	72-76	76-80	80-84	84-88	88-92	92-96
Tour de hanches (en cm)	82-86	86-90	90-94	94-98	98-102	102-106	106-110

Pour prendre vos mesures avec précision, il est préférable d'être en sous-vêtements et de vous faire aider par une autre personne.

Nous attirons votre attention sur le fait que les tailles des vêtements en boutique et en couture diffèrent souvent. D'ailleurs, nous avons volontairement numéroté les tailles de 1 à 7, afin qu'elles ne correspondent en rien à ce qui existe dans le commerce. Il faut donc se référer au tableau ci-dessus et à rien d'autre.

Les mesures que vous avez prises se retrouvent peut-être toutes dans une seule colonne (ce qui n'arrive presque jamais, car tout le monde est unique !). Si ce n'est pas le cas, lisez la suite !

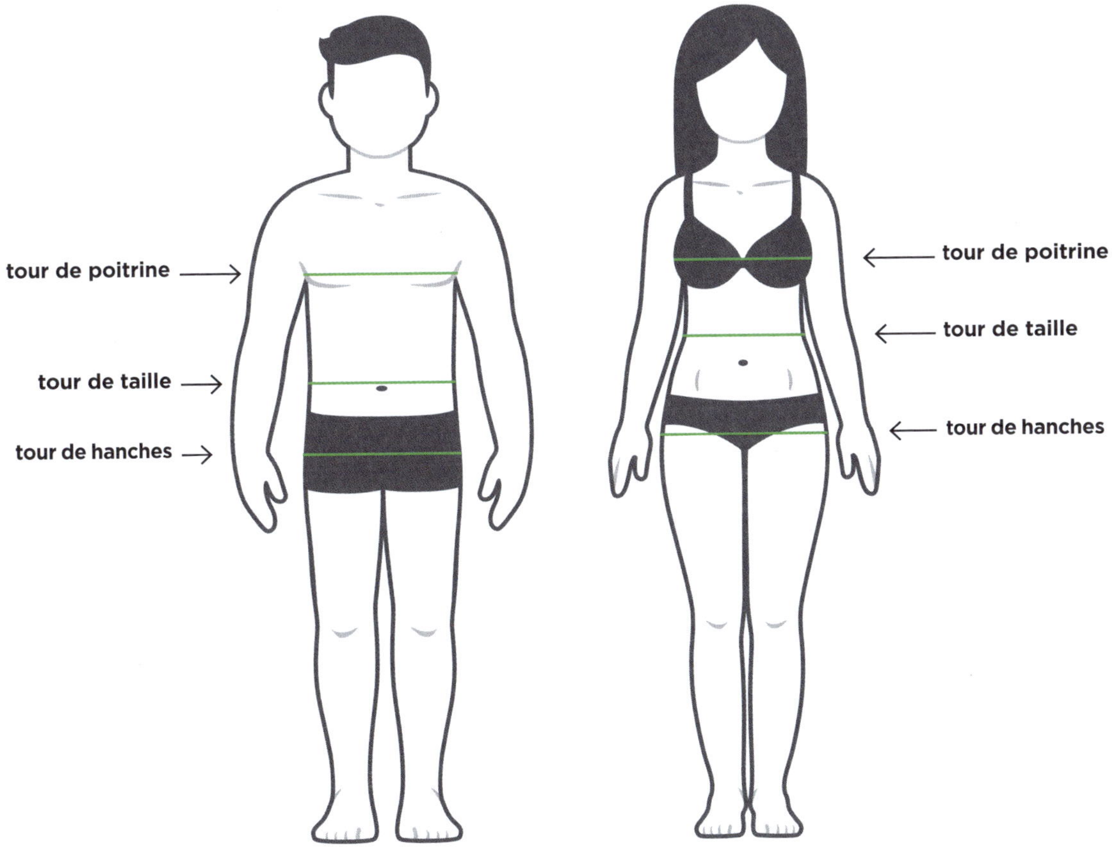

Choisir la bonne taille

Cette collection de patrons revisite la tendance *oversize*, alors à vous de jongler entre les tailles pour augmenter ou réduire l'effet *loose*. Il ne faut pas hésiter à mesurer les longueurs directement sur le patron et à soustraire les marges de couture, pour avoir une idée de la taille du vêtement fini. Amusez-vous avec le volume des pièces : il est tout à fait possible de prendre deux tailles au-dessus pour vous confectionner un maxi-*hoodie* doudou ou une salopette super baggy.

En règle générale, dans ce livre, pour déterminer votre taille :

- Pour un haut, ne prendre en compte que la mesure du tour de poitrine.

- Pour un bas, ne prendre en compte que la mesure du tour de hanches et adapter la longueur de l'élastique de taille si votre tour de taille est plus petit ou plus grand que celui du tableau.

- Pour un vêtement type salopette, robe ou autre qui couvre le haut et le bas, il faut en général apporter quelques modifications si, comme la plupart des gens, vous ne vous trouvez pas dans une seule colonne du tableau de tailles. Mais comme le parti pris de ce livre est l'*oversize*, vous n'aurez sans doute pas besoin de jongler entre plusieurs tailles. Pour la salopette, retrouvez nos conseils p. 75

Dans le cas où vous auriez à jouer avec plusieurs tailles, voici une méthode :

Au moment de décalquer le patron, munissez-vous d'une règle japonaise et d'un perroquet (outil pour tracer des courbes sur les patrons).

Imaginons qu'une personne ait les mensurations suivantes (en couleur) :

Taille	3	4	5
Tour de poitrine (en cm)	**88**	92	96
Tour de taille (en cm)	70	**75**	80
Tour de hanches (en cm)	94	98	**102**

Commencer à décalquer le patron en 3, au niveau des épaules et de la poitrine, puis rattraper progressivement la taille 4 au niveau de la taille et terminer par la taille 5 au niveau des hanches.

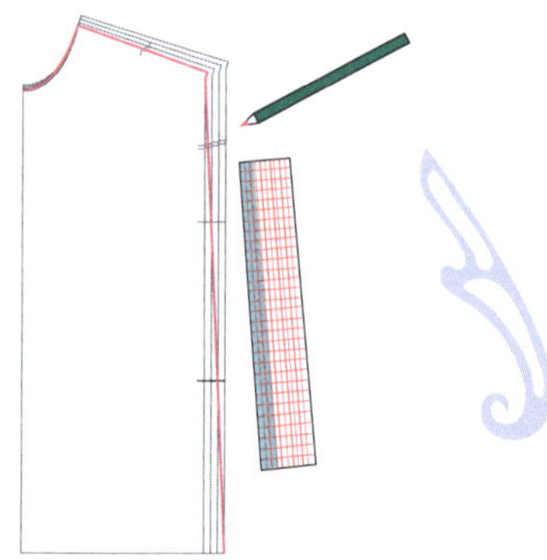

Si les lignes sont droites, la règle suffit pour tracer entre plusieurs tailles. Si le patron contient des courbes, il faut les conserver et, pour que l'arrondi soit joli et que les tailles se rejoignent progressivement, nous conseillons d'utiliser un perroquet (voir page suivante).

Enfin, rappelons une très bonne nouvelle :

Les marges de couture sont toutes incluses, elles sont de 1 cm pour l'assemblage et de 2 ou 3 cm en général pour les ourlets (tout est indiqué pour chaque modèle). Youpi !!!! Parce que personne n'aime ajouter des marges de couture, c'est bien connu. Donc une fois ces modifications faites, votre patron est prêt : sauf si vous voulez allonger ou raccourcir votre vêtement. Dans ce cas, passer à la partie suivante !

Modifier la longueur des pièces

Comme les patrons de ce livre sont unisexes, la plupart présentent deux lignes de longueur pour les manches, le corps ou les jambes pour s'adapter à des statures allant d'environ 1 m 68 à 1 m 80. Choisissez la ligne qui convient en fonction de votre stature et du style que vous voulez. Si vous avez tout de même besoin d'allonger ou de réduire certaines pièces, voici comment faire :

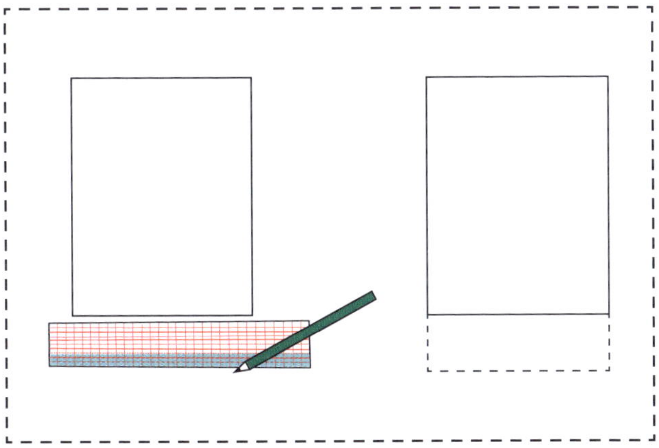

Si la pièce est rectangulaire, vous pouvez l'allonger (ou la raccourcir) en ajoutant (ou en enlevant) quelques centimètres en bas du vêtement, à l'aide d'une règle japonaise.

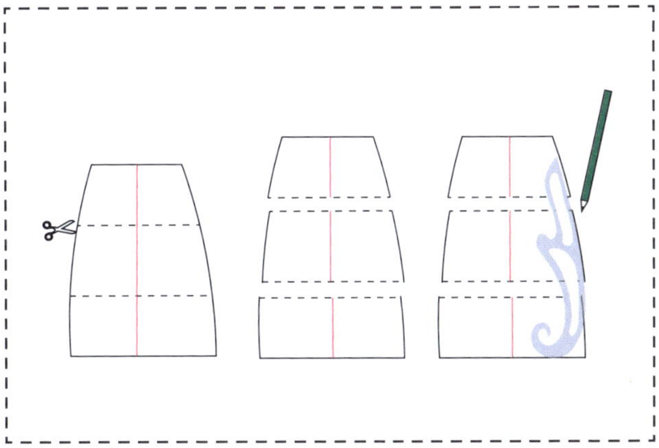

Si la pièce a plutôt une forme de trapèze, il faut d'abord couper la pièce plus ou moins au niveau des hanches et/ou des genoux pour un bas, sous la poitrine pour un haut, bien perpendiculairement au droit fil, puis ajouter (ou enlever) quelques centimètres. Enfin, si les lignes sont droites, il faut les retracer à l'aide de la règle japonaise. Si elles sont courbes, il faut les retracer à l'aide d'un perroquet.
Il ne reste plus qu'à couper le nouveau patron !

PRÉPARER LA COUTURE

Laver et repasser le tissu

C'est une étape **indispensable**, sinon votre vêtement risque de rétrécir, de déteindre... Or avec le temps que vous aurez consacré à votre ouvrage, ce serait vraiment dommage ! Une fois le tissu lavé (en fonction de la matière : à la machine ou exceptionnellement à la main), l'étendre bien à plat pour le faire sécher. Enfin, repasser le coupon pour enlever tous les plis. Si votre tissu ne peut être lavé, il faut au moins le repasser soigneusement à pleine vapeur pour le décatir.

Plier le tissu

Plier le tissu en suivant le plan de coupe de chaque modèle, endroit contre endroit. Il existe différentes façons de plier le tissu. La manière adéquate est toujours indiquée dans la notice de montage des vêtements.

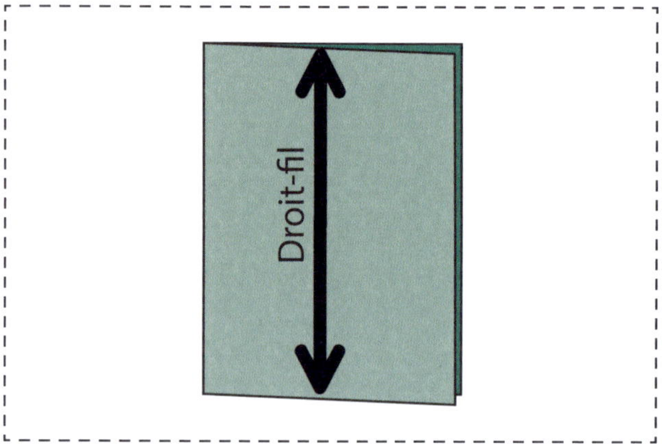

En deux, un seul pli le long du droit fil (le plus courant), en superposant les lisières (les bords du tissu).

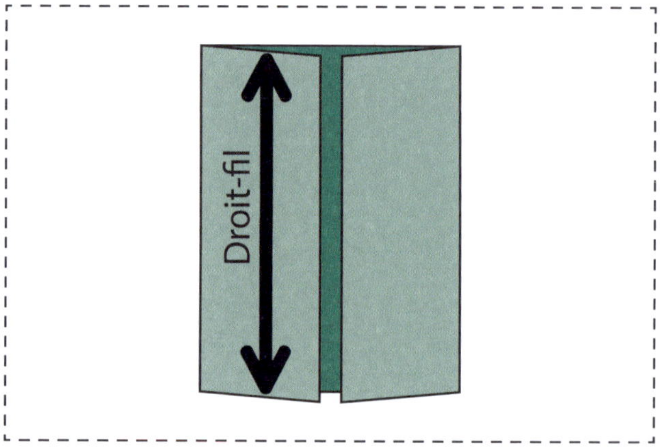

En portefeuille, à l'aide de deux plis le long du droit fil. Les lisières sont alors l'une contre l'autre au milieu du tissu.

Positionner les pièces du patron sur le tissu

Une fois le patron décalqué sur du papier pour patrons et le tissu étendu et soigneusement plié, positionner les pièces du patron sur le tissu, comme indiqué sur le plan de coupe, en respectant bien le droit fil. Lorsque toutes les pièces sont correctement placées, il faut les maintenir en place :

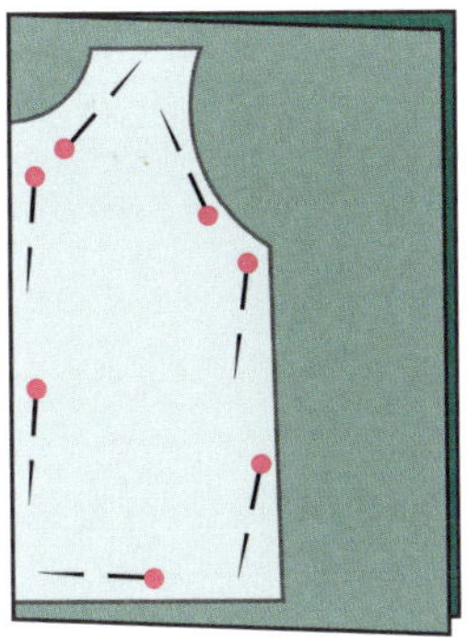

Soit en épinglant (idéal sur du tissu non stretch, mais pas toujours pratique avec un tissu extensible ou en maille, les épingles pouvant abîmer le tissu, le déformer...).

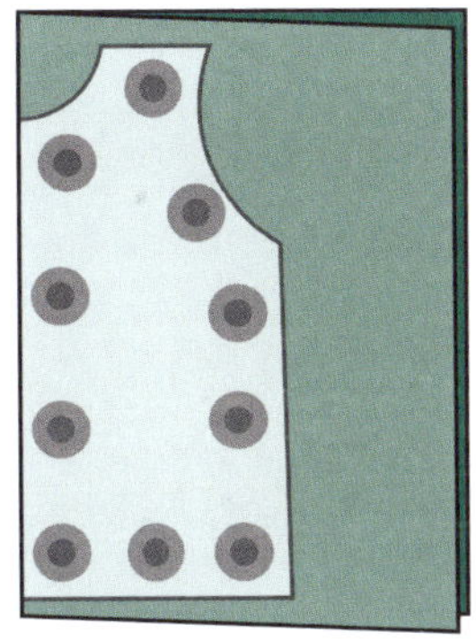

Soit en posant des poids. Si vous n'en avez pas, des boîtes de conserves feront l'affaire (ou n'importe quels petits objets lourds trouvés chez vous).

Couper le tissu

Il ne reste plus qu'à couper tout autour du patron (sans ajouter de marge de couture, puisqu'elles sont toutes incluses) avec :

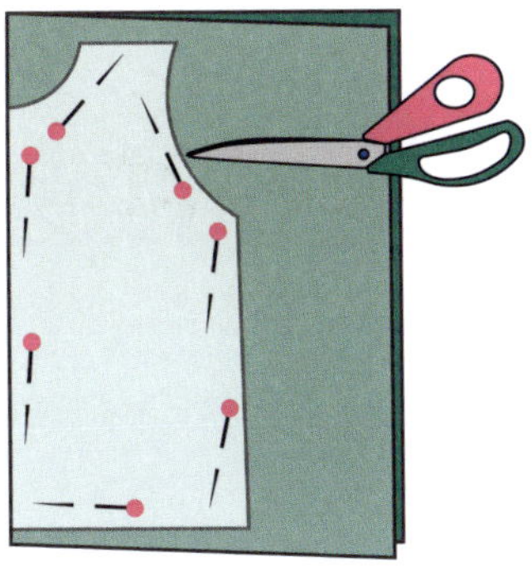

Soit une paire de ciseaux spéciale tissus.

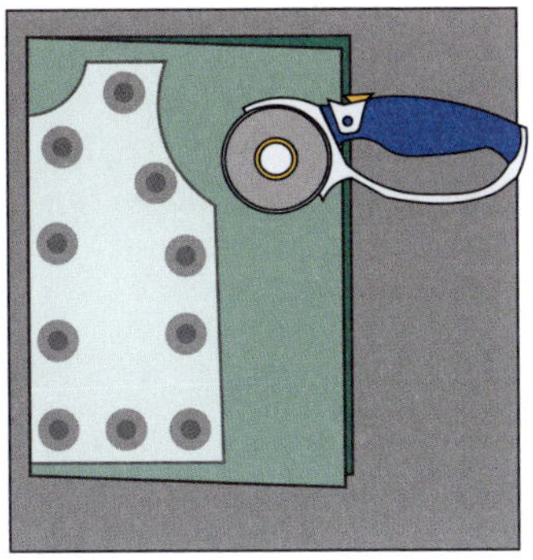

Soit un cutter rotatif sur un tapis de découpe autocicatrisant.

Thermocoller

L'entoilage thermocollant est un tissu enduit d'une colle sèche qui fond à la chaleur du fer. Il est souvent blanc, parfois noir, mais rarement d'autres couleurs. On s'en sert pour rigidifier un tissu trop mou afin de lui donner plus de tenue. Il existe de nombreux thermocollants : des fins, pour les cols de chemise par exemple, des plus épais pour les parmentures de manteaux, ou des forts pour les sacs.

Dans ce livre, nous utilisons uniquement des thermocollants dont la colle n'est que sur une face, mais il existe aussi des thermocollants double face, pour faire des remplis par exemple (voir p. 118).

Le choix de l'épaisseur du thermocollant dépend de celle du tissu : lorsque le tissu est très fin, il faut en général utiliser un thermocollant tout aussi fin. Plus le tissu est épais, plus le thermocollant doit l'être aussi.

Il existe deux méthodes pour thermocoller les pièces d'un patron : soit vous thermocollez tout le tissu, puis vous coupez les pièces dans le tissu déjà thermocollé, soit vous coupez vos pièces dans le tissu et dans le thermocollant, puis vous les thermocollez ensemble une par une. C'est cette deuxième méthode que nous utilisons. Mais quelle que soit la méthode que vous choisirez, veillez à toujours faire un essai sur une chute avant de thermocoller les pièces de votre patron.

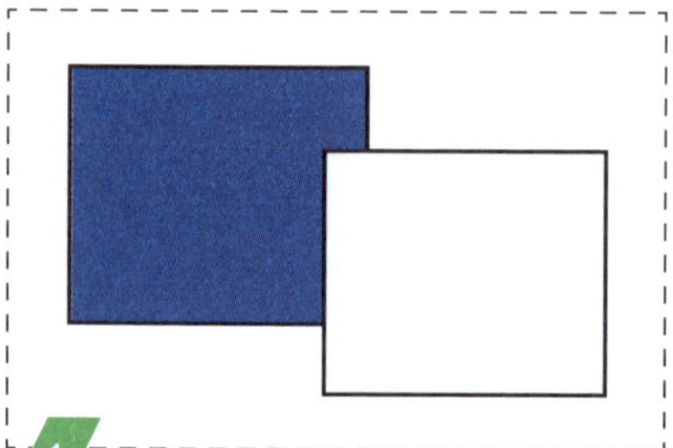

1 **Couper la pièce à thermocoller dans le tissu et dans le thermocollant.**

2 **Poser le tissu à plat sur la table à repasser, envers face à soi, et bien le repasser pour qu'il ne reste aucun pli.**

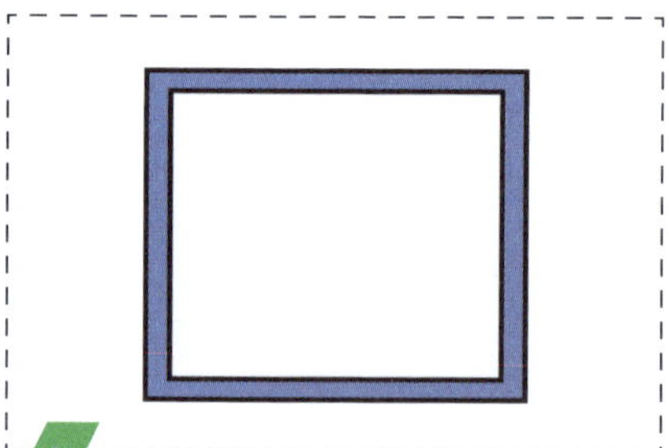

3 **Poser la pièce de thermocollant par-dessus, colle contre l'envers du tissu. Les pièces de tissu et de thermocollant doivent se superposer parfaitement.**

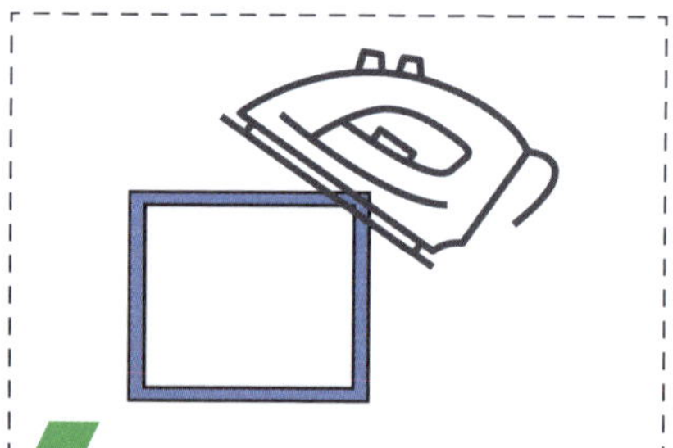

4 **Régler la température du fer à repasser en fonction de la température tolérée par le tissu à thermocoller, puis appuyer le fer pendant 8 secondes sur les deux pièces, sans vapeur. Veiller à bien appuyer partout avec le fer, car la colle doit fondre uniformément et les pièces doivent être parfaitement soudées.**
Laisser le tout refroidir bien à plat avant de manipuler les pièces.

Astuces pour éviter les traces de colle

- Couper la pièce de thermocollant en ôtant 5 mm de marge tout autour. La pièce coupée ne dépasse pas du tissu.
- Pour ne pas abîmer la planche à repasser, placer une feuille de papier sulfurisé dessus. Ainsi, la colle qui déborde se dépose sur le papier, pas sur la planche.

COUDRE DU JERSEY OU DU MOLLETON

Pour assembler deux pièces de jersey ou de molleton, il est intéressant - mais pas indispensable - de disposer d'une surjeteuse. La surjeteuse permettra d'assembler et de surfiler en même temps, tout en gardant une certaine élasticité. Si vous n'en avez pas, pas de panique, la machine à coudre fera le travail ! Il suffit de procéder en deux étapes : d'abord assembler, puis surfiler.

La couture du jersey ou du molleton peut faire peur, et il est vrai que les risques sont multiples :

- tissu qui gondole ;
- tissu qui perd de son élasticité ;
- point qui craque et couture qui se découd, si l'élasticité du point n'est pas suffisante.

En suivant les conseils suivants, que ce soit à la surjeteuse ou à la machine, vous ne devriez plus perdre le fil de la couture du jersey !

	Avec une surjeteuse	Sans surjeteuse
Les marges de couture	Les marges de couture comprises dans les patrons sont de 1 cm. Or, la largeur d'un surjet est souvent de 7 mm. Il ne faut donc pas hésiter à user du couteau de la surjeteuse pour couper le surplus de 3 mm au moment de l'assemblage. Sinon, recouper les marges de couture en ôtant 3 mm sur toutes les coutures d'assemblage. 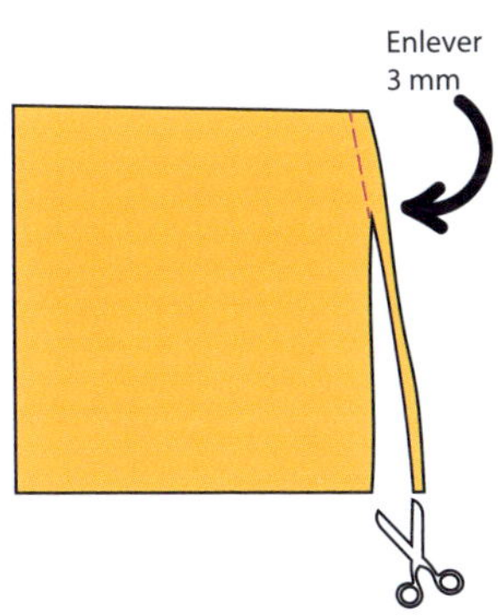 	Les marges de couture peuvent être surfilées à l'aide d'un point zigzag, avant ou après la couture, en fonction des instructions de montage.  Il faudra veiller à ce que le zigzag frôle le bord franc du tissu et qu'il soit suffisamment large. Selon les tissus, si la découpe est nette et que le tissu ne s'effiloche pas du tout, il n'est parfois pas nécessaire de surfiler. À vous de juger !

	Avec une surjeteuse	Sans surjeteuse
Épingler	Il est préférable de ne pas épingler les pièces à assembler, mais plutôt d'utiliser des pinces. En effet, si les épingles passent sous le couteau de la surjeteuse, il sera abîmé et il faudra vite le remplacer. 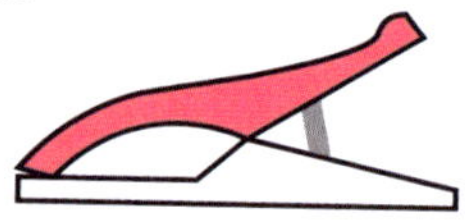	Des épingles classiques seront idéales pour bien maintenir en place le tissu. Ne lésinez pas sur leur nombre si le tissu roulotte ou en cas de raccord. De plus, il faut veiller à bien maintenir le tissu avec les mains lors de la couture. 
Choisir son point	Choisir un point de surjet 4 fils, aussi appelé overlock 4 fils, qui assemble et surfile en même temps, tout en permettant au tissu de conserver son élasticité. 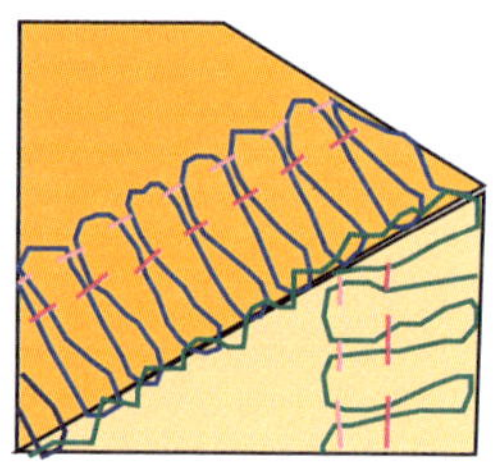	Deux points seront utiles : le point droit, pour les pièces dont l'élasticité n'est pas sollicitée, et le point élastique ou extensible, pour les pièces qui doivent conserver leur élasticité, comme son nom l'indique. 
Choisir son fil	On préférera le fil polyester au fil de coton, qui casse plus facilement. Pour une couture toute douce, vous pouvez mettre du fil mousse dans les boucleurs de la surjeteuse. Faites des essais : il faut souvent baisser la tension.	On préférera le fil polyester au fil de coton, qui casse plus facilement. Pour une couture toute douce, vous pouvez mettre du fil mousse dans la canette. Faites des essais : il faut souvent baisser la tension.
Choisir ses aiguilles	Le choix des aiguilles dépend de votre surjeteuse. La plupart des machines acceptent des aiguilles pour le jersey, qui laissent moins de marques dans le tissu lors de leur passage, mais si vous n'en avez pas, des aiguilles universelles feront l'affaire.	Il est important d'utiliser des aiguilles spécialement conçues pour le jersey. Ces aiguilles ont une pointe légèrement arrondie, qui évitera de faire des trous dans la maille lors de son passage. Si votre jersey est fin, utilisez une aiguille de taille 70. S'il est épais, vous pouvez aller jusqu'à la taille 90.

Astuce **Si malgré tous ces conseils, le tissu se déforme lors de la couture, il est possible d'entoiler les parties qui gondolent, par exemple autour de la pose d'un zip, autour d'une boutonnière... Il faut privilégier les entoilages pour tissus extensibles ou le ruban d'entoilage (Stabilmanche, par exemple). Enfin, si l'entoilage risque d'être trop visible et disgracieux à l'intérieur de votre vêtement, utiliser un entoilage hydrosoluble, qui disparaîtra au premier lavage après la couture !**

FAIRE UN REMPLI SIMPLE SUR DU JERSEY OU DU MOLLETON

Un ourlet ou un rempli (simple ou double) se fait en bas d'un top, d'une jupe, d'un pantalon ou de manches, pour finir le vêtement correctement.

En général, pour de plus jolies finitions sur la plupart des tissus, c'est l'ourlet « double rempli » que l'on choisit plutôt que le « simple rempli ».

Néanmoins, faire un simple rempli peut s'avérer pratique et permet de gagner 1 ou 2 cm de longueur en cas de jupe ou de top trop courts... On utilise aussi et surtout le simple rempli sur un jersey difficile à coudre. C'est pour cette raison que nous privilégions les simples remplis dans ce livre pour le tee-shirt (voir p. 18) et le jogging (voir p. 54).

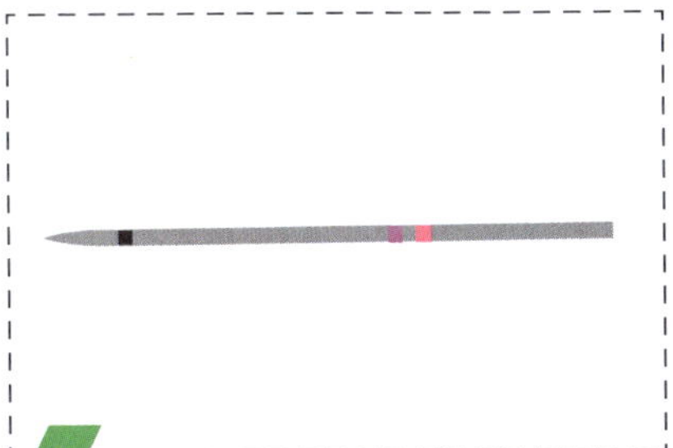

1 La toute première étape, c'est de choisir une aiguille adaptée au jersey. Elle a une pointe plus arrondie que les aiguilles standards, ce qui lui permet de passer entre les mailles du tissu sans le trouer. Si vous n'en avez pas, une aiguille pour tissus stretch peut dépanner.

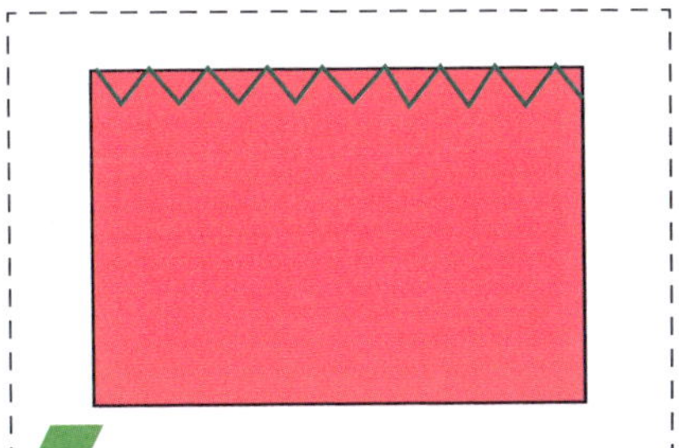

2 Surfiler le bord le long du futur rempli. Pour cela, utiliser une surjeteuse ou, à défaut, un point zigzag de la machine à coudre. Si la machine à coudre le permet, régler la longueur du point zigzag à 1,5 mm et la largeur à 2 ou 3 mm. Placer le tissu sous le pied de la machine à coudre, le bord franc du tissu au niveau de l'aiguille de telle sorte que le point zigzag se fasse au ras du bord du tissu.

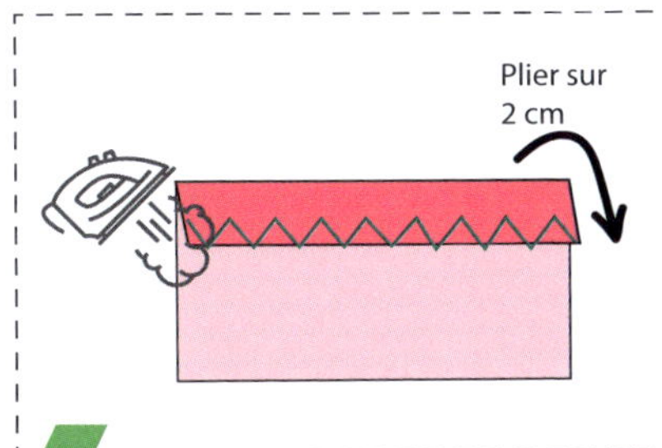

3 Plier le tissu envers contre envers, tout le long du futur ourlet, selon ce qui est prévu dans les instructions du patron. Si l'ourlet doit faire 2 cm, par exemple, bien mesurer 2 cm partout avec une règle, puis soigneusement marquer le pli au fer.

Plusieurs techniques permettent de fixer l'ourlet, il faut choisir son aiguille, son point machine, ou coudre à la main, et éventuellement utiliser une bande thermocollante : voir page 118.

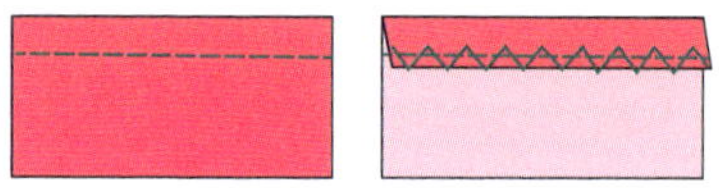

4 Coudre ce pli à 5 mm du bord surfilé, sur l'endroit. La couture doit se trouver dans le surfil.

Pour cela, plusieurs options sont possibles :

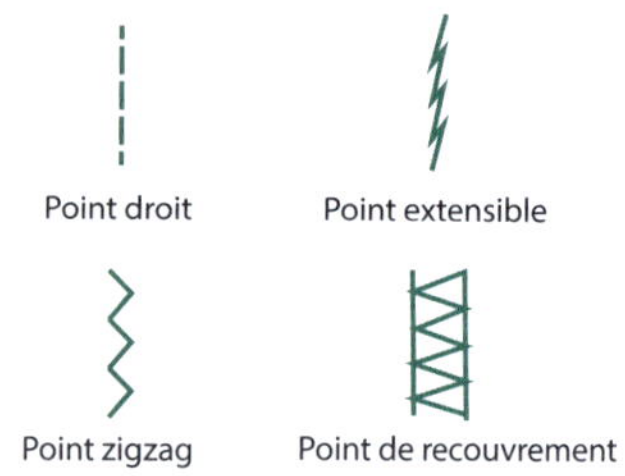

- Utiliser le point droit de la machine si l'on n'a pas besoin de conserver beaucoup d'élasticité, c'est-à-dire si la couture n'est pas étirée lorsque l'on enfile ou qu'on porte le vêtement.
- S'il faut conserver l'élasticité du tissu, vous pouvez utiliser le point extensible de votre machine ou un point zigzag.
- Sur certaines machines, il existe un point qui fait l'effet d'un point de recouvrement. Le rendu est alors presque professionnel ! Il sera aussi très joli pour les surpiqûres de poches par exemple. (voir la poche du *hoodie*, p. 44)

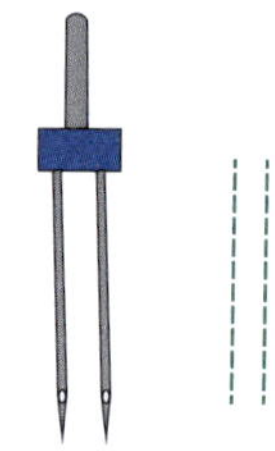

- On peut aussi utiliser une aiguille double adaptée au jersey, de 4 mm.

- Pour les chanceuses et les chanceux qui possèdent une recouvreuse, utiliser le point de recouvrement double. Il ressemble de très près au point de la machine à coudre utilisant une aiguille double. L'avantage, c'est qu'en faisant les bons réglages, le tissu ne gondole pas.

Attention, il faut toujours faire un essai sur une chute du même tissu que le vêtement et régler la tension si le point fait gondoler le rempli (le plus souvent, il faut la diminuer).

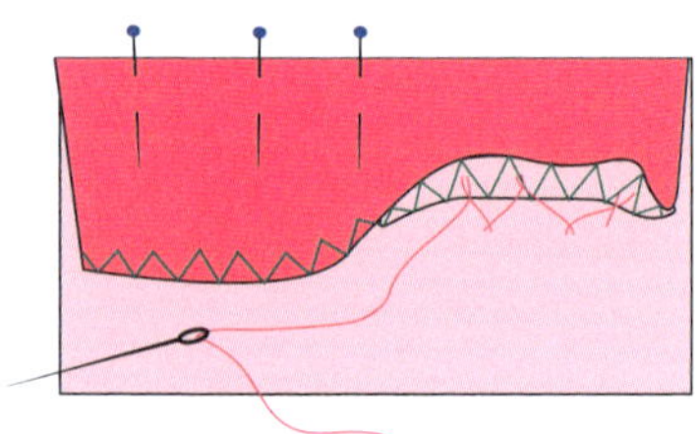

Si le rempli gondole trop malgré tous vos essais, il faut alors faire un point invisible à la main. Pour ce faire, il faut utiliser un point de chausson en prenant alternativement un fil du surjet et un fil du tissu.

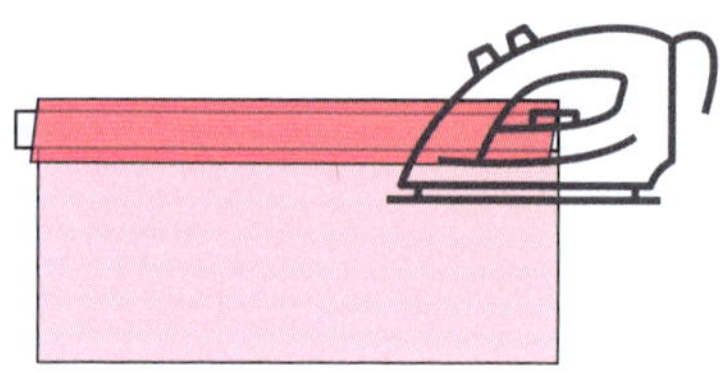

Enfin, pour les impatient·es, thermocoller l'ourlet avec une bande thermocollante double face. Ne pas utiliser de vapeur.

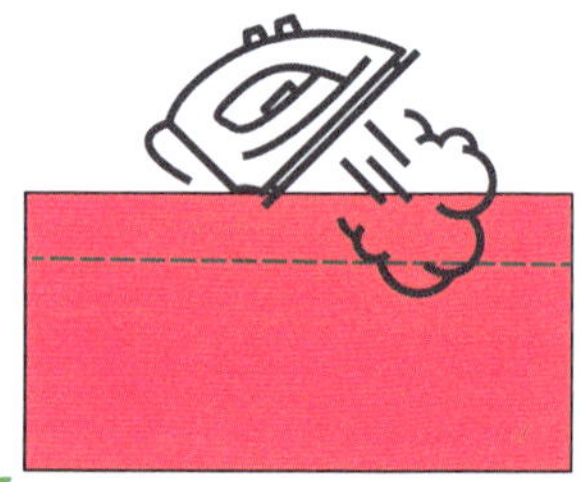

5 Dans tous les cas, repasser à pleine vapeur pour terminer en beauté ce rempli ! Attention, lorsque l'on repasse sur l'endroit, le tissu peut lustrer. Utiliser une pattemouille supprime ce risque.

FAIRE UNE COULISSE POUR INSÉRER UN ÉLASTIQUE

La coulisse rapportée

On utilise cette technique pour créer des poignets élastiques, comme sur le *hoodie* (voir p. 44), par exemple, ou une ceinture, comme sur le short (voir p. 92) ou le pantalon (voir p. 26), si l'on choisit de faire une ceinture contrastante.

1 **Couper le rectangle qui constituera la coulisse du poignet ou de la ceinture.**
Nommons *x* la largeur de l'élastique. La largeur de ce rectangle correspond à deux fois la largeur *x* de l'élastique à laquelle on ajoute 3 cm, soit 2 × *x* + 3 cm.

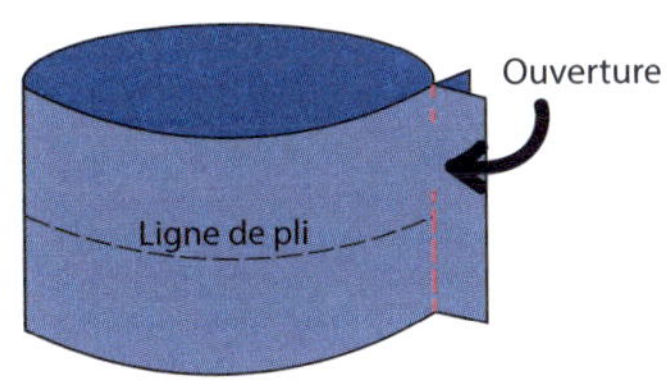

2 **Fermer le rectangle de tissu en laissant une petite ouverture d'un côté. Ouvrir la couture au fer, puis former la coulisse en pliant le tissu en deux dans la longueur, envers contre envers. Marquer le pli au fer.**

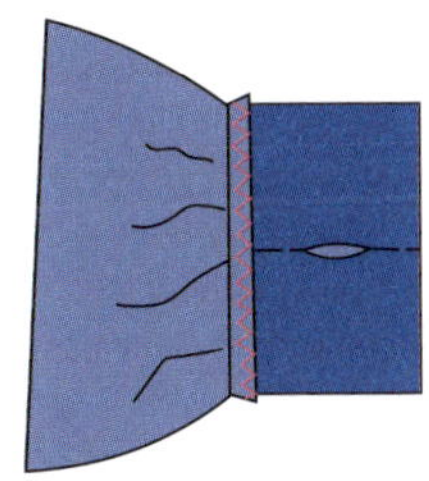

3 **Coudre la coulisse au vêtement et surfiler ensemble les trois couches de tissu. (Cette étape peut changer pour les vêtements doublés, il faut alors suivre les instructions de montage du patron.)**

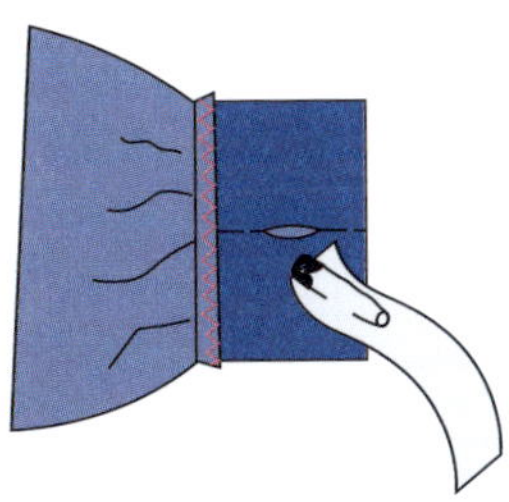

4 **Insérer l'élastique dans la coulisse à l'aide d'une épingle à nourrice.**

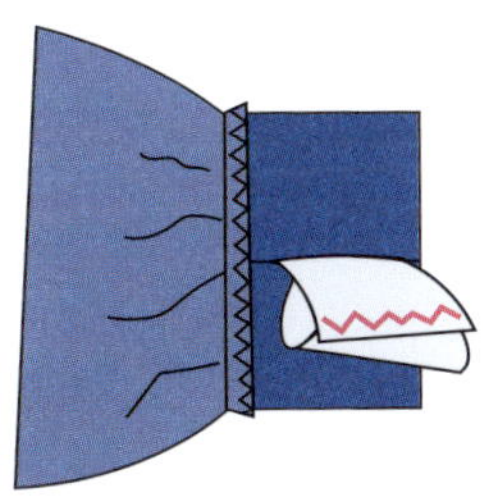

5 **Superposer les deux extrémités de l'élastique sur 1 cm et coudre solidement avec un point zigzag, par exemple, et plusieurs allers-retours.**

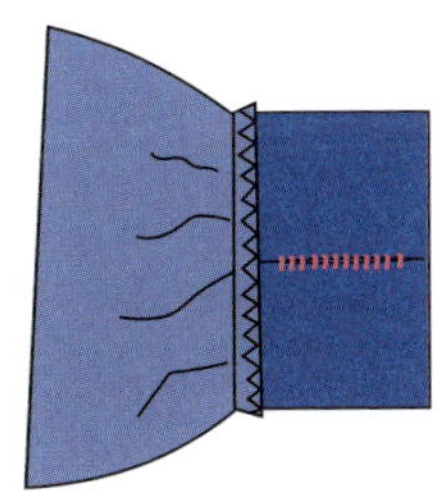

6 **Fermer l'ouverture en terminant la couture à la main.**

La coulisse intégrée

On utilise cette technique pour créer une ceinture (jupes, pantalons...) ou des poignets avec élastique (sweats, par exemple). Dans ce cas, la coulisse n'est pas une pièce de patron à part, elle est dans le prolongement de la pièce qu'elle termine. Nous l'employons ici pour les poignets et la ceinture du *hoodie*, avec une légère variante (voir p. 44).

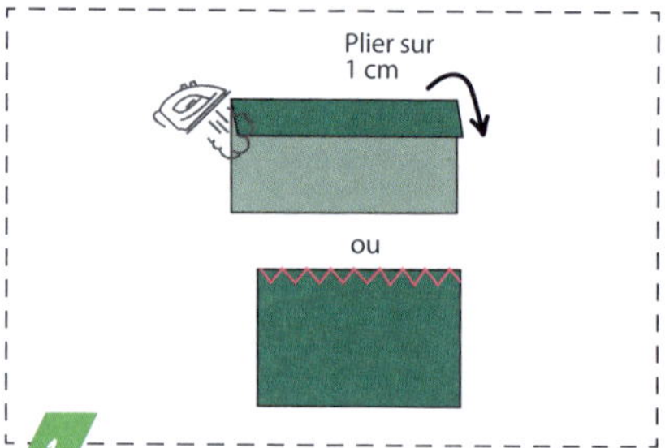

1 **Faire un premier rempli de 1 cm envers contre envers, puis le marquer au fer. Si le tissu est trop épais ou trop fuyant, surfiler le bord et ne pas faire de rempli.**

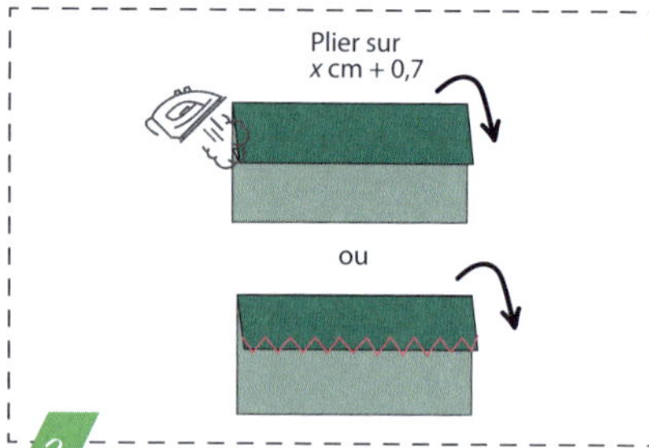

2 **Plier le tissu envers contre envers pour former la ceinture. Si la largeur de votre élastique est *x* cm, ce rempli doit mesurer *x* cm + 0,7 cm.**

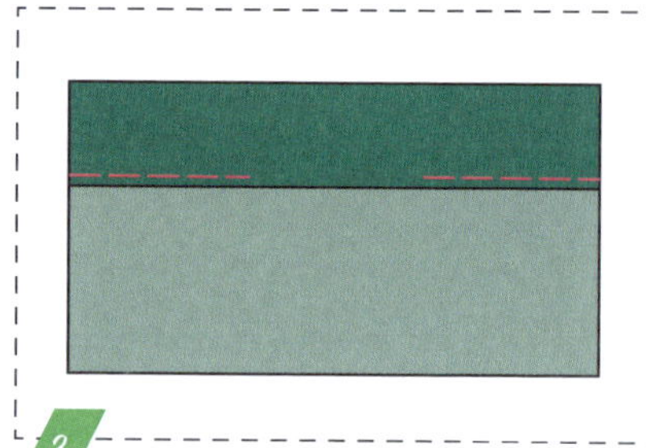

3 **Coudre ce rempli à 2 mm du bord du tissu. Laisser une ouverture de 5 cm environ.**

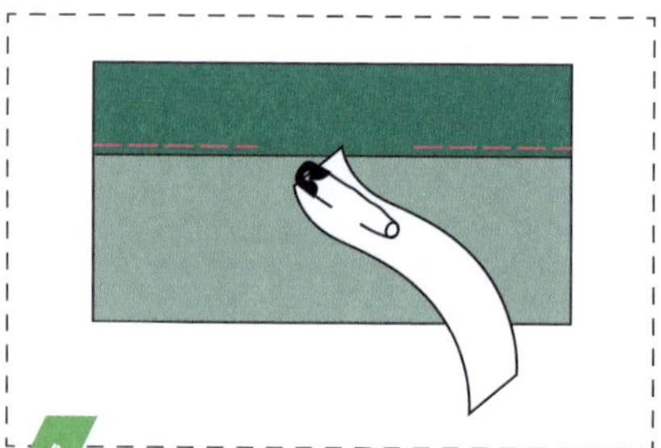

4 **Insérer l'élastique à l'aide d'une épingle à nourrice.**

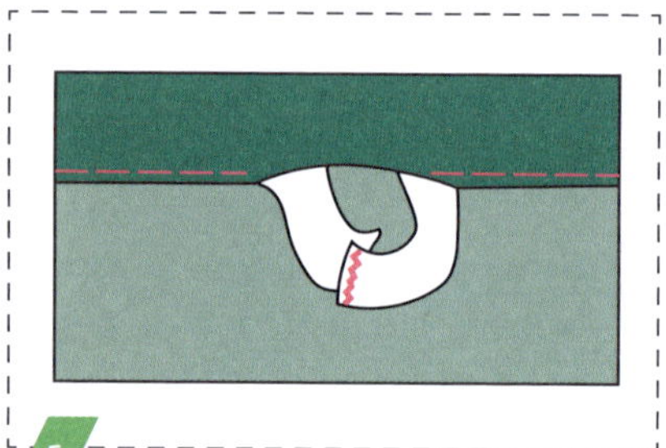

5 **Superposer les deux extrémités de l'élastique sur 1 cm et coudre solidement avec un point élastique (le point zigzag, par exemple).**

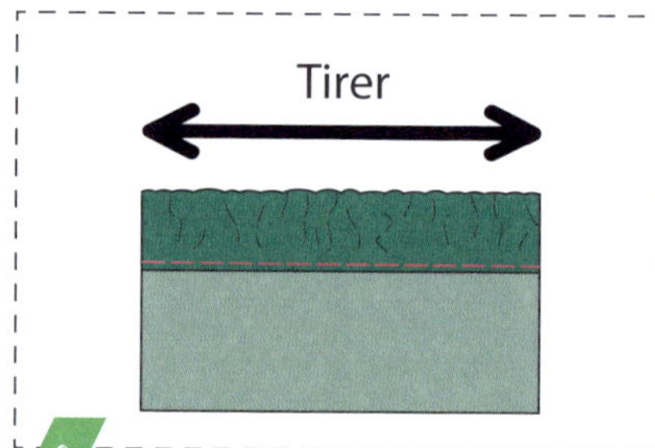

6 **Fermer l'ouverture en terminant la couture à la machine à coudre. Tirer sur l'élastique à plusieurs reprises pour répartir les fronces.**

Surpiquer une coulisse élastiquée

On utilise cette technique après avoir créé une coulisse, quelle que soit la technique qui a été utilisée.

Cette méthode a plusieurs avantages :

- Si l'élastique a tendance à tourner dans sa coulisse, cela permet de le maintenir en place.

- La ceinture ou le poignet aura un bel effet froncé, comme s'il y avait plusieurs coulisses ou comme si elle était smockée.

Avant de commencer les surpiqûres sur la ceinture, il faut essayer le vêtement et s'assurer que l'élastique est à la bonne longueur, ni trop serré ni trop large, car il serait trop fastidieux de devoir tout découdre.

Ensuite, mesurer la largeur de la coulisse et décider du nombre de surpiqûres à faire en les répartissant régulièrement. Si la coulisse a une largeur de 5 cm, on peut faire quatre surpiqûres (une tous les 1 cm). Si la coulisse mesure 4,5 cm, on peut faire deux surpiqûres (une tous les 1,5 cm). À vos calculatrices !

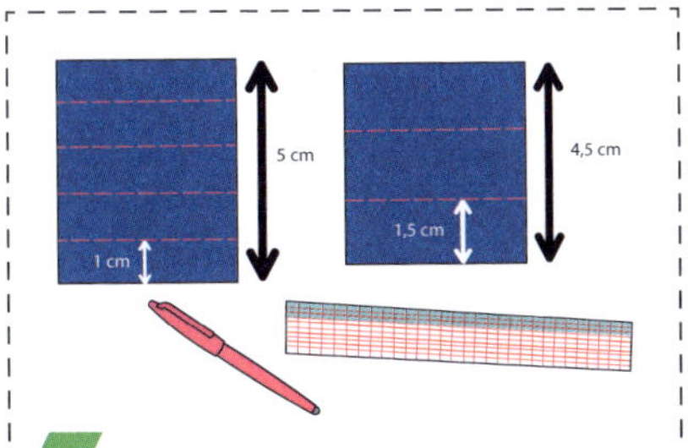

1 **À l'aide d'un stylo effaçable à la chaleur ou d'une craie de tailleur et d'une règle, tracer précisément les lignes de surpiqûre. Régler la machine à coudre pour allonger le point droit à 4 mm. Placer la coulisse avec l'élastique sous le pied de biche de la machine et tirer sur l'élastique pour tendre le tissu.**

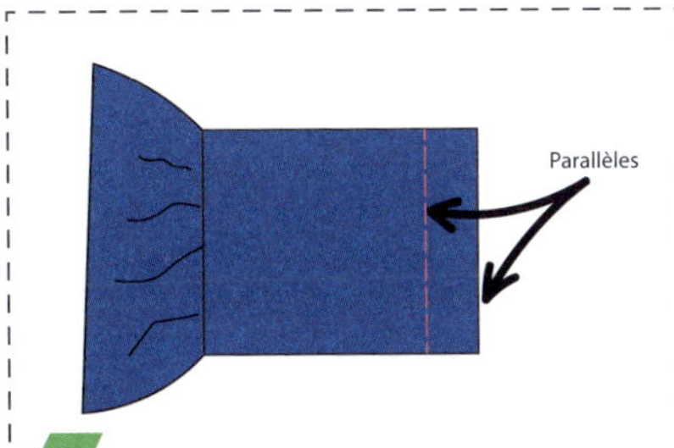

2 **Placer la coulisse avec l'élastique sous le pied de biche de la machine et tirer sur l'élastique pour tendre le tissu. Piquer une ligne droite bien parallèle au bord de la coulisse. Pour ce faire, s'aider des repères sur la machine.**

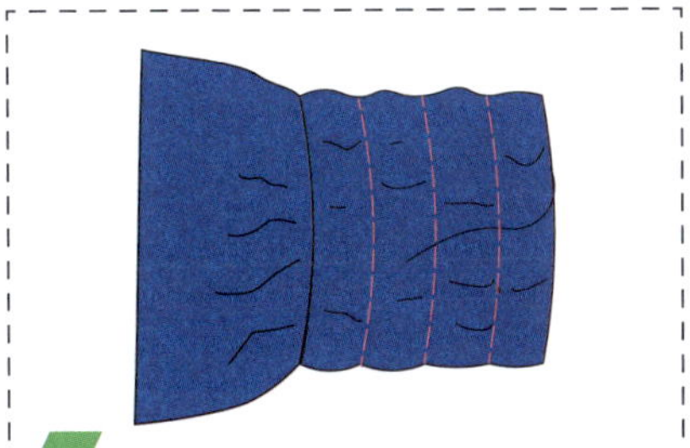

3 **Recommencer pour surpiquer toute la largeur de la coulisse.**

AJOUTER DES DÉCOUPES

Découpes droites

Ajouter une découpe droite est très simple, ne demande aucune technique particulière et permet de customiser un patron en y ajoutant beaucoup de style et de personnalité.

Voici un exemple, sur le devant d'une veste ou d'une chemise.

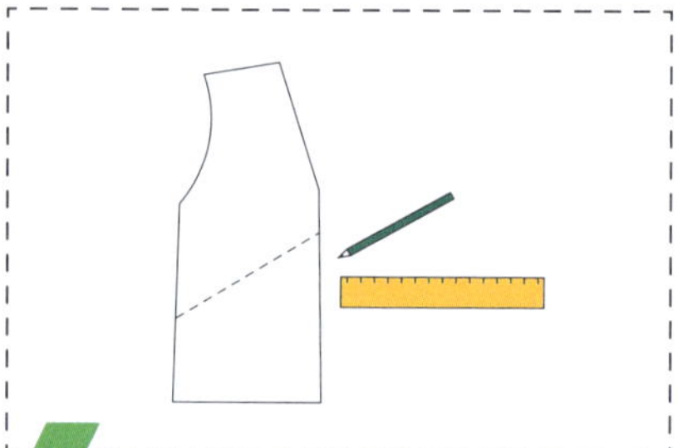

1 Tracer sur le patron la ligne de découpe au crayon à papier.

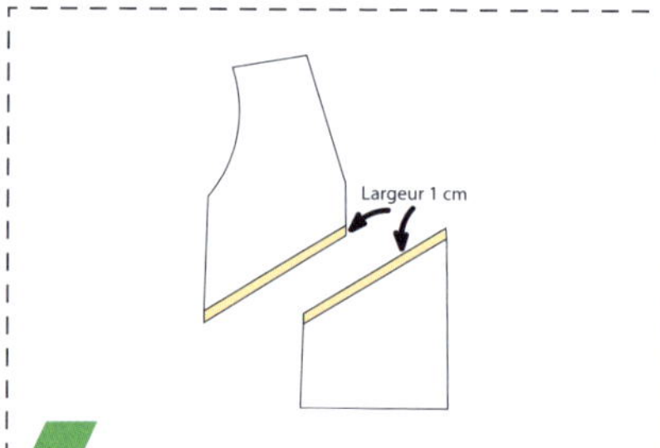

2 Décalquer le nouveau patron. Attention, les marges de couture sont incluses dans ce livre. Mais en ajoutant une découpe, les marges ne seront pas présentes à l'endroit de la découpe. Veiller à bien créer la marge de couture de 1 cm à cet endroit, sur chacune des deux parties.

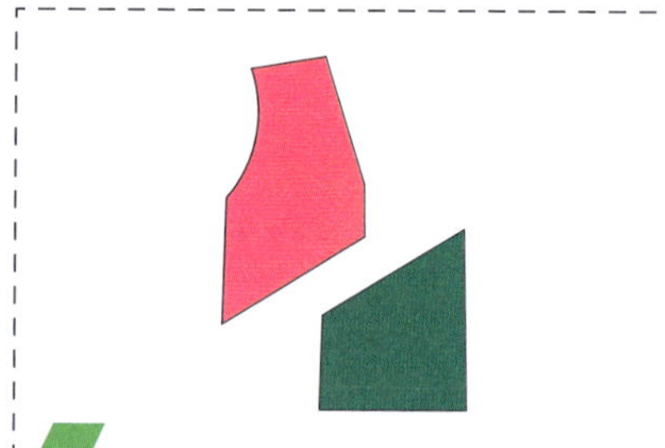

3 Couper les pièces dans les différents tissus.

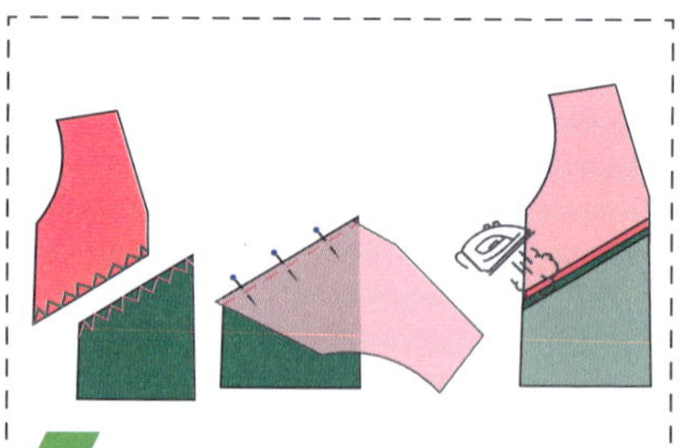

4 Si le tissu est tissé (popeline de coton, voile de viscose...), surfiler les pièces de tissu au niveau de la découpe. Épingler endroit contre endroit le long de la découpe et coudre à 1 cm pour recréer la pièce initiale. Ouvrir la couture au fer.

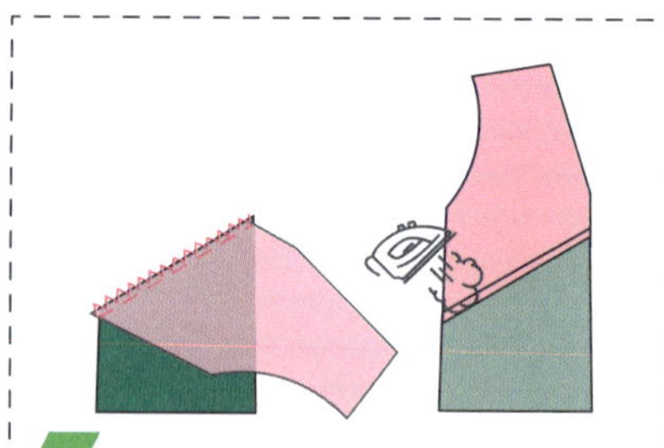

5 Si le tissu est tricoté (jersey, molleton, sweat...), assembler (coudre et surfiler) endroit contre endroit le long de la découpe pour recréer la pièce initiale. Repasser les marges de couture vers le bas sur l'envers.

Amusez-vous avec les découpes !

Découpes triangulaires

Ajouter une découpe triangulaire demande de la minutie et un geste technique, mais c'est accessible, même pour les personnes qui débutent. Cela permet de customiser un patron selon toutes ses envies.

Voici un exemple sur un carré de tissu. Par ailleurs, c'est aussi la technique qu'il faut utiliser pour coudre l'empiècement du devant du *hoodie* XXY (voir p. 48).

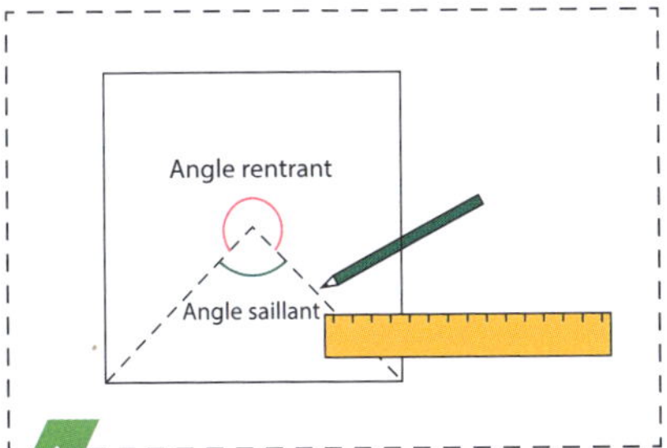

1 Tracer sur le patron la forme triangulaire souhaitée. Vous obtenez deux angles : un angle saillant (de mesure inférieure à 180 °C, en vert) et un angle rentrant (de mesure supérieure à 180 °C, en rouge).

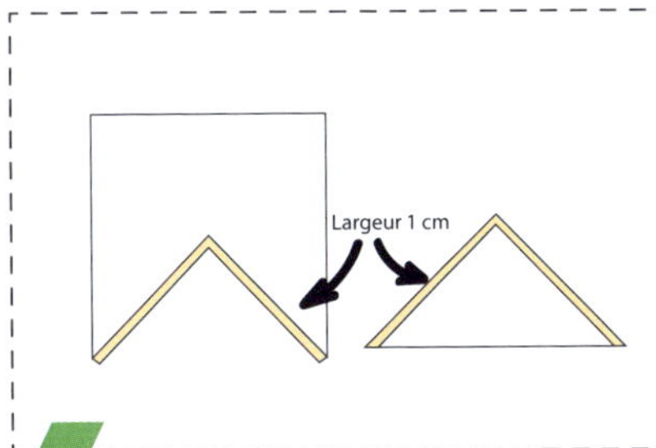

2 Retracer les pièces du patron ainsi découpées et ajouter les marges de couture de 1 cm à l'endroit de la découpe, sur chacune des deux pièces.

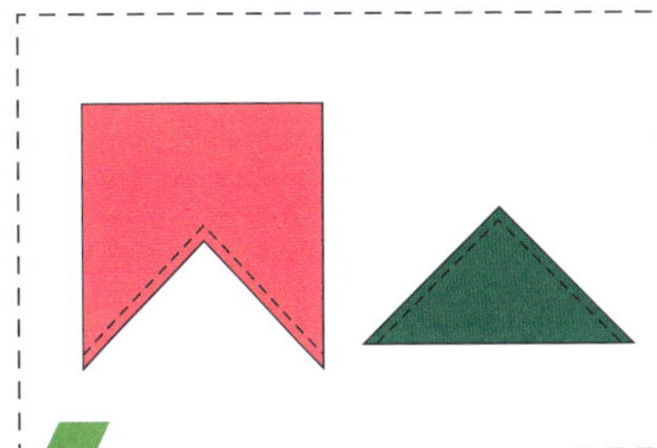

3 Couper le tissu. Avec un stylo effaçable à la chaleur, tracer précisément les marges de couture de 1 cm le long des côtés des angles sur les deux pièces.

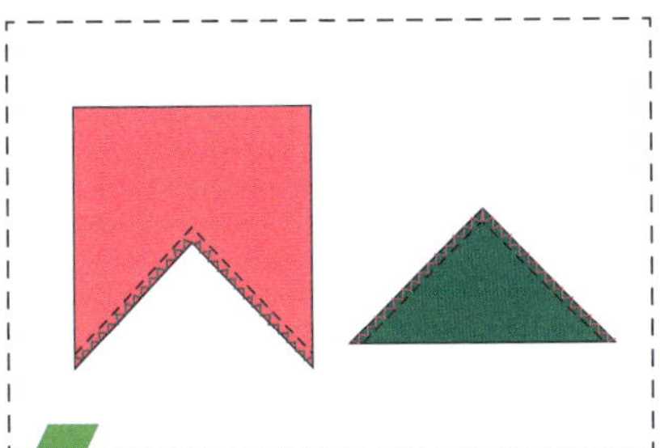

4 Si le tissu est tissé (popeline de coton, voile de viscose…), surfiler les pièces de tissu au niveau de la découpe. Si le tissu est tricoté (jersey, molleton, sweat…), les marges seront surjetées après la couture d'assemblage.

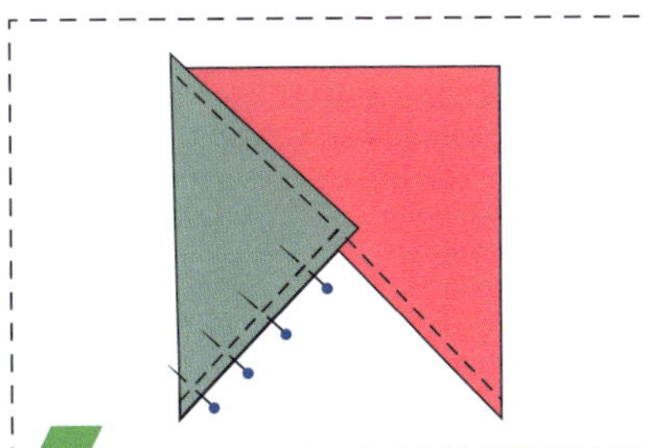

5 Superposer les deux pièces de tissu, endroit contre endroit, le long d'une des lignes tracées précédemment. Les sommets des angles se superposent précisément. Épingler pour maintenir en place.

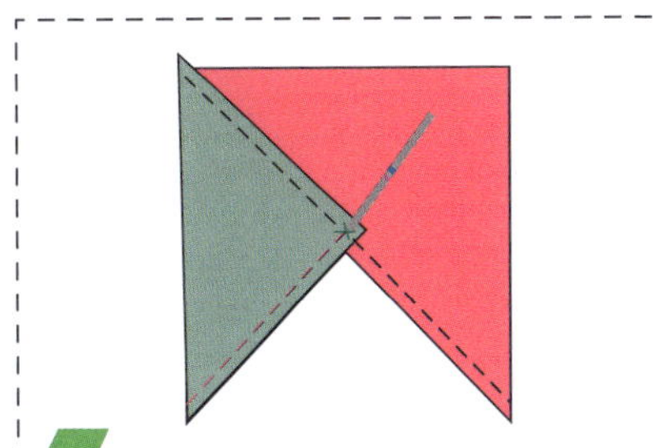

6 Piquer au point droit et terminer la couture exactement au sommet de l'angle, en laissant l'aiguille plantée dans ce sommet.

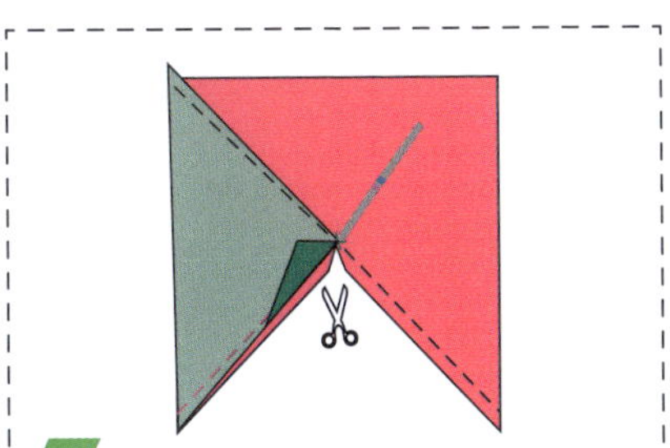

7 Soulever le pied presseur de la machine à coudre, cranter l'angle rentrant (supérieur à 180 °C) avec des ciseaux fins et pointus jusqu'à frôler le sommet de l'angle.

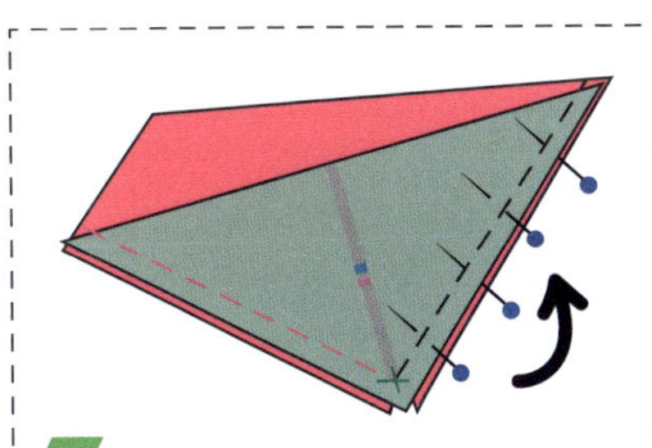

8 Faire pivoter le tissu coupé pour que les deux lignes de l'autre côté de l'angle se superposent. Épingler pour maintenir en place.

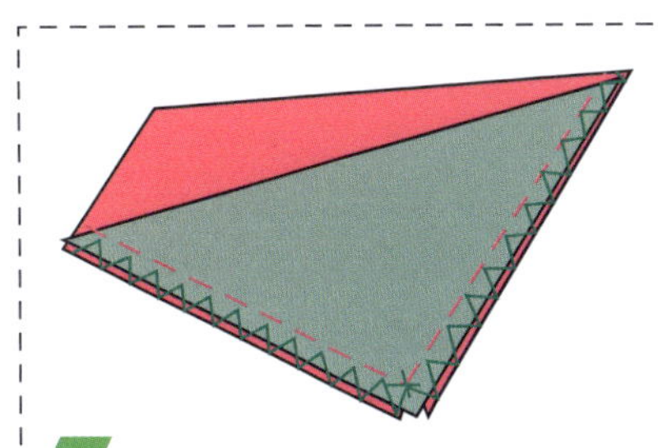

9 Reprendre la couture le long de la ligne. Si ce n'est pas déjà fait, c'est le moment de surfiler les marges de couture ensemble.

Découpes arrondies

Les découpes arrondies, ou courbes, exigent de prendre son temps et de faire preuve de précision. Tout le secret réside dans le crantage... Si vous voulez de vraies découpes circulaires, c'est le moment de sortir votre compas !

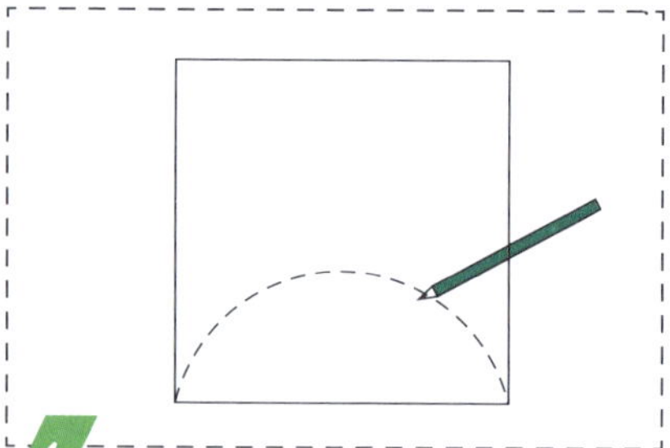

1 Tracer sur le patron la future découpe, éventuellement avec un compas.

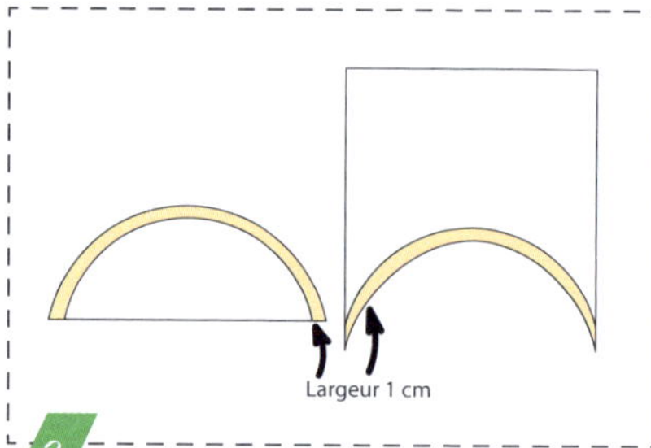

2 Décalquer le nouveau patron. Veiller à ajouter des marges de couture de 1 cm au niveau de la découpe, sur chacune des deux pièces.

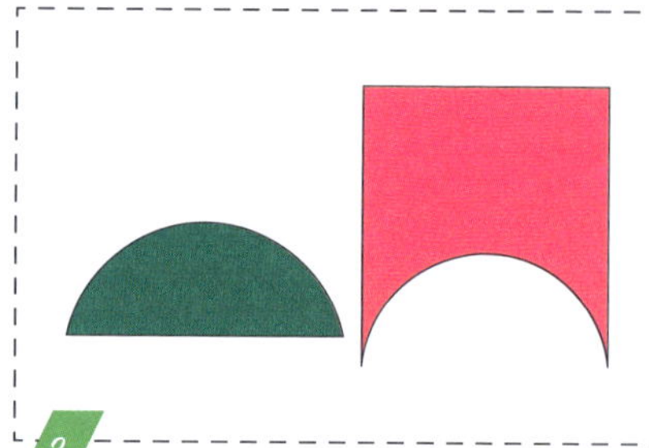

3 Couper les pièces de tissu.

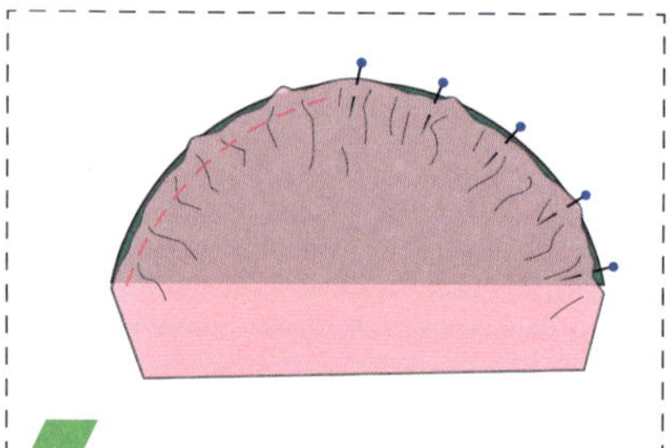

4 Les épingler endroit contre endroit et les coudre. Le tissu concave gondole un peu contre le tissu convexe. C'est normal, les courbes se contredisent.

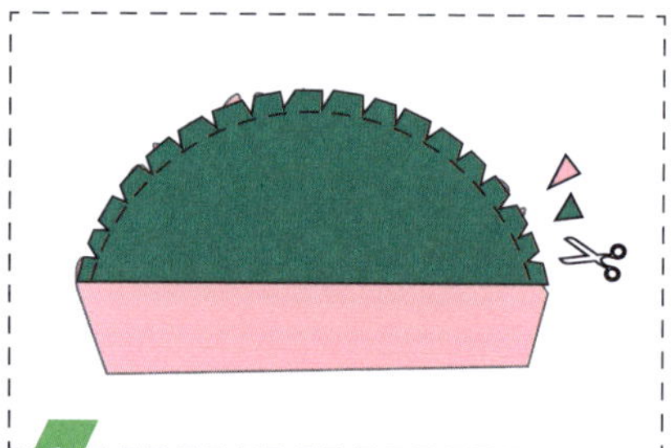

5 Cranter les arrondis. Le fait de cranter ne permet pas de surfiler les marges de coutures. Il faut donc penser à doubler le vêtement si l'on veut cacher les marges.

6 Ouvrir les coutures au fer. User de la vapeur pour former un bel arrondi.

AJOUTER DES LETTRES ET/OU DES LOGOS

Dans ce livre, toutes les lettres qui customisent les vêtements sont en feutrine ou en flex Iron-On de Cricut. Le flex est une feuille de matière plastique dont l'une des faces est thermocollante, c'est-à-dire qu'elle se fixe sur un vêtement à la chaleur d'un fer ou d'une presse. Cette technique est très simple et peu coûteuse.

Utiliser une machine de découpe

Les formes ont été coupées avec une machine de découpe, la Cricut Maker 3, afin d'avoir un résultat professionnel. La machine est accompagnée d'un logiciel sur lequel on choisit ses logos et ses polices de caractère. On lance ensuite la découpe sur les matériaux sélectionnés (ici, du flex et de la feutrine). C'est la méthode la plus simple et la plus rapide, mais elle nécessite du matériel.

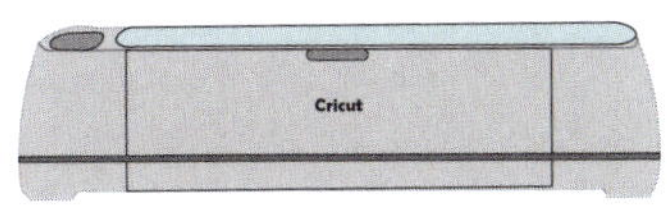

Tracer et couper son motif à la main sur du flex ou de la feutrine

Vous pouvez aussi faire vos découpes à la main, avec une paire de ciseaux et en faisant preuve de minutie.

1 **Dessiner ou décalquer la forme pour la reporter sur un papier cartonné.**

2 **Découper la forme afin d'avoir un gabarit.**

3 **Poser le gabarit sur la feutrine ou le flex. Attention au sens si la forme est reportée sur l'envers. Tracer le contour et découper.**

Utiliser du flex thermocollant

Le flex dispose d'une face plus brillante que l'autre : c'est l'endroit. Cette face brillante est en fait une fine couche de plastique transparent qui ne craint pas la chaleur et qui sert à repasser la forme sans faire fondre le flex. Eh oui, la première règle, c'est de ne **jamais** poser le fer à repasser directement sur le flex, au risque qu'il fonde. Si vous avez enlevé cette couche de plastique, pas de panique ! Une feuille de papier sulfurisé peut faire l'affaire et protéger le flex lors du repassage.

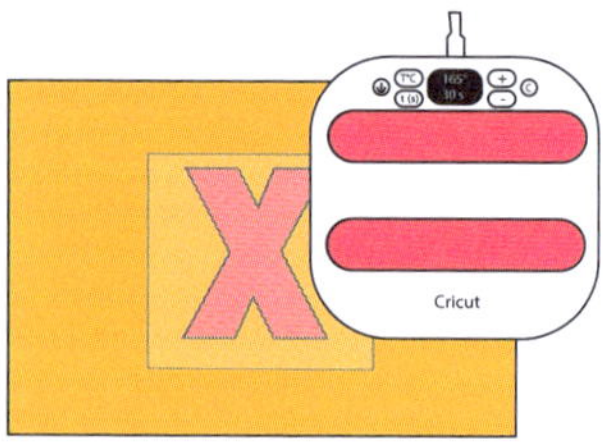

1 Poser le motif en flex envers du flex contre endroit du vêtement. Fixer le motif avec un fer à repasser **sans vapeur**, ou avec une presse Cricut. Appuyer le fer ou la presse sans bouger, pendant 15 à 30 secondes, selon le flex et le tissu (faire un essai avec une chute de tissu et une de flex avant, ce serait dommage de tout brûler).

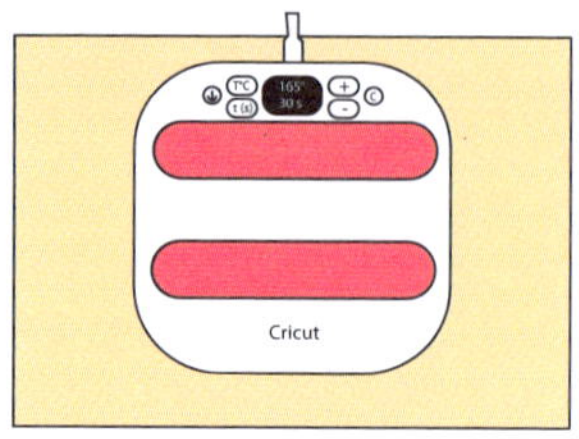

2 Recommencer l'opération, mais cette fois sur l'envers du tissu.

3 Enlever la couche protectrice sur l'endroit du flex (film de protection originel ou feuille de papier sulfurisé). Ce geste se fait à chaud ou à froid, selon la marque du flex. Encore une fois, un essai en amont est indispensable !

Réaliser un appliqué avec de la feutrine

Dans ce livre, nous avons superposé deux couches de feutrine pour marquer le contour des lettres : une couche noire sur une couche blanche un peu plus grande (voir le teddy, p. 65 et 71). Mais faites selon vos propres goûts !

MÉTHODE 1 : UTILISER DU THERMOCOLLANT DOUBLE FACE (TYPE ENTOILAGE VLIESOFIX)

Ce thermocollant est vendu au mètre et une face est protégée par du papier. Il permet de coller deux tissus entre eux, de faire des appliqués et encore bien d'autres choses issues de votre imagination ! Les deux faces sont recouvertes de colle, dont l'une est protégée par du papier résistant à la chaleur.

1 Découper la forme dans le Vliesofix.

2 Poser le Vliesofix (côté sans papier) sur l'envers de la forme en feutrine.
Appuyer le fer sans vapeur ou la presse sans bouger, pendant 10 à 15 secondes, selon le tissu.

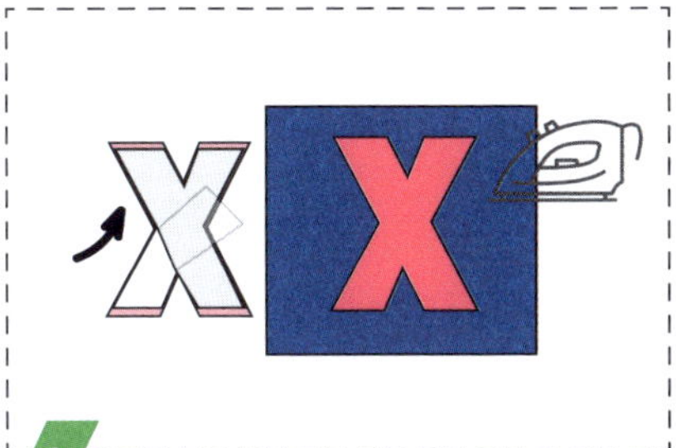

3 Enlever la couche supérieure de papier de la forme en Vliesofix.
Poser la forme sur l'endroit du second tissu. Appuyer le fer ou la presse sans bouger, pendant 10 à 15 secondes, selon le tissu. Toujours faire un essai préalable.

Pour les méthodes 2 et 3, si le tissu est trop fluide ou trop élastique, il faut le stabiliser avec un entoilage thermocollant sur l'envers avant de poser l'appliqué.

MÉTHODE 2 : COUDRE LA FORME AVEC UN POINT DROIT

Épingler la forme en feutrine sur l'endroit du vêtement. Coudre soigneusement tout autour de la forme, à 1 mm de son contour, à la main ou à la machine.

MÉTHODE 3 : COUDRE LA FORME AVEC UN POINT DE BOURDON

Épingler la forme sur l'endroit du vêtement. Broder soigneusement au point de bourdon tout autour de la forme, au ras de son contour, à la main ou à la machine.

Le point de bourdon est un point décoratif que l'on peut broder à la main, autour d'une ligne. On peut aussi l'obtenir à la machine, si elle le permet, en utilisant un point zigzag court et large.

Remerciements de Jessica

Il faut donc se plier à cet exercice classique des remerciements, nécessaire, juste, mais qui est pour moi assez difficile car très traditionnel. Allez hop, je me lance ! Je voudrais remercier avant toute chose Estelle, éditrice de choc, qui a fait un travail énorme sur ce livre, elle a donné de sa personne et de son temps comme jamais je n'ai vu dans le monde de l'édition. Ce fut un bonheur de travailler à ses côtés. Quelle belle rencontre ! Et en parlant de belle rencontre, je voudrais aussi remercier Laurence, photographe de talent, qui voit à l'intérieur des gens et qui les rend beau à l'extérieur. Son regard est *empouvoirant* et vrai, je suis heureuse de l'avoir dans l'équipe. Laurence nous a fait rencontrer deux superbes modèles : Emma et Kamel, que je remercie chaleureusement, leurs visages restent dans mon cœur et dans ce livre. Merci à Leslie qui m'a hébergé le temps d'un week-end, et qui a fait son délicieux thé à la menthe pour toute l'équipe ! J'ai aussi une pensée pour la magnifique Lou, Mac Gyver de toute situation tendue. Michèle, avec son « coaching de loin », m'a apporté son soutien. Et bien sûr, je termine par un merci particulier à Alexandre, qui continue de supporter, de livre en livre, le bazar que ce boulot met dans notre salon et dans nos vies. Il vit au milieu des tissus, marche sur des épingles, essaye les vêtements à chaque étape, sans râler (quoi que, quand il trouve des épingles par terre, ça rigole moins...).

Remerciements d'Amélie

Un grand merci à Jessica, à Cécile, à Estelle, à Laurence pour ses photos, à Kamel et Emmanuelle pour avoir si bien incarné nos modèles.

L'éditeur remercie Orianne Papin et Paul-Henry Baranek pour leur autorisation à reproduire leur œuvre p. 77 et 106 : www.outuveux.com - poésie urbaine - auteure : Orianne Papin.

cricut

Merci à Cricut France (en particulier Laure et Caroline) pour les machines et tous les consommables, les lettres et logos ajoutés sur les vêtements permettent de les sublimer.

Enfin, nous avons eu la chance d'avoir deux partenaires tissus de qualité, qui nous ont accordé leur confiance, et grâce à qui nous obtenons ce résultat dont nous sommes si fières :

MeterMeter

https://www.metermeter.dk/

Les tissus utilisés sont de la marque Mind The Maker :

- Le chambray du kimono et du pantalon
- Le jersey bleu du tee-shirt et de la brassière
- Les jerseys noir, jaune, vert bleu des robes tee-shirts
- Le jean de la salopette
- Les molletons violet, rouge foncé, noir, vert foncé du hoodie, de la chemise de base-ball, du short, du jogging et du teddy

Ma Petite Mercerie

https://www.mapetitemercerie.com/fr/

Les tissus utilisés sont :

- Le jersey blanc de la brassière
- Le coton jaune des empiècements de la salopette
- Les molletons rose, bleu, jaune du hoodie et du short à empiècements
- Le molleton velours canard du jogging
- Le coton rayé bleu de la chemise de base-ball et du short allongé